W9-CLW-417

WITHDRAWN

JUL 3 1 2012

Алексей Богомолов

ПОХУДЕЙ СО ЗВЕЗДАМИ
Дневники звезд на каждый день

АСТ • Астрель

Москва

УДК 615.8
ББК 53.51
Б74

В книге использованы фотографии: Пресс-службы Администрации Президента РФ,
Пресс-службы Совета Федерации Федерального Собрания РФ, из архива газеты «Комсомольская правда»,
из личных архивов Николая Баскова, Маргариты Королевой, Корнелии Манго, Михаила Шуфутинского,
Петра Подгородецкого, Сергея Крылова, Романа Трахтенберга, Елены Черданцевой, а также авторские
фото Александра Астафьева, Елены Кошелевой, Артема Макеева, Геннадия Черкасова,
Ирины Калабугиной. Отдельная благодарность автора фотографам «Комсомолки» Миле Стриж
и Олегу Рукавицыну за серию фотографий, сделанную в ходе проекта «Худеем со звездами!»

Богомолов, А. А.

Б74   Похудей со звездами. Дневники звезд на каждый день /Алексей Богомолов. –
М.: АСТ: Астрель, 2011. – 304 с.

ISBN 978-5-17-070765-2 (ООО «Издательство АСТ»)
ISBN 978-5-271-30617-4 (ООО «Издательство Астрель»)

Эта книга — не только список диет и руководство для желающих похудеть. Основной
мотив произведения — правильный подход к проблеме лишнего веса. Основа книги —
дневник «звезд», которые похудели во время беспрецедентного проекта «Комсомольской
правды», — певца Николая Баскова, актера Александра Семчева, певицы Корнелии Манго,
музыканта Петра Подгородецкого, советы «звездных» диетологов Маргариты Королевой и
Михаила Гинзбурга. В нее также войдет история о том, как худели Роман Трахтенберг, Михаил Шуфутинский, Сергей Крылов, Владимир Соловьев, Лучано Паваротти, Демис Руссос.

В книге будут раскрыты секреты похудения «звезд» как в элитных клиниках, так и в
обычных лечебных учреждениях. Книга предназначена не только для желающих похудеть, но и для их родственников, близких людей. Поскольку написано она легко и зани-
мательно, то и читать ее будут с удовольствием не только как руководство к действию,
но и как сборник забавных историй из мира больших людей.

УДК 615.8
ББК 53.51

Подписано в печать 19.10.10. Формат 70х90/16. Усл. печ. л. 22,23.
Тираж 7 000 экз. Заказ №954

Общероссийский классификатор продукции
ОК-005-93, том 2; 953000 – книги, брошюры

Санитарно-эпидемиологическое заключение
№ 77.99.60.953.Д.012280.10.09 от 20.10.2009 г.

ОБ АВТОРЕ И ЕГО КНИГЕ

Алексей Богомолов, журналист и писатель, родился в 1956 году в Москве. По образованию историк и юрист. В советские времена хоккеист, преподаватель истории, специалист по связям с прессой в шоу-бизнесе. С 1991 года работал в газетах «Московский комсомолец», «Совершенно секретно» (в качестве первого заместителя главного редактора). В 1996–2009 годах — на государственной службе от советника Председателя Совета Федерации до вице-губернатора Орловской области. С 2010 года журналист газеты «Комсомольская правда» — автор и ведущий проекта «Худеем со звездами!».

Предлагаемая читателям книга включает в себя беседы с участниками проекта и другими звездами российского шоу-бизнеса, касающиеся проблем лишнего веса и их решения. Николай Басков, Александр Семчев, Маргарита Королева, Михаил Шуфутинский, Петр Подгородецкий, Корнелия Манго и другие известные люди рассказывают о том, как они худели сами, делятся своими трудностями и отвечают на самые каверзные вопросы автора.

3

ПОХУДЕЙ СО ЗВЕЗДАМИ

В книгу включена и ранее не публиковавшаяся беседа Алексея Богомолова с Романом Трахтенбергом, в которой тот рассказывает о своем опыте похудения.

За время работы в проекте «Худеем со звездами!» сам автор похудел почти на сорок килограммов, а за два года сбросил около семидесяти килограммов лишнего веса. Поскольку же он испробовал на себе большинство известных способов похудения, его опыт будет также интересен читателям.

Хотите похудеть? Не спрашивайте как? Просто прочитайте эту книгу...

Николай Басков

Александр Семчев

Корнелия Манго

Михаил Шуфутинский

Маргарита Королева

Петр Подгородецкий

Роман Трахтенберг

Демис Руссос

Сергей Крылов

И другие...

**В книге автора и ведущего проекта
газеты «Комсомольская правда»
«Худеем со звездами!»**

Алексея Богомолова

**КАК ХУДЕЮТ ЗВЕЗДЫ.
НА САМОМ ДЕЛЕ...**

ПРЕДИСЛОВИЕ

Тема похудения, или избавления от излишней массы тела, как этот процесс называют диетологи, сегодня одна из самых популярных. Причин тому я вижу несколько. Во-первых, это вполне естественный интерес граждан, имеющих ненужные килограммы, а то и десятки килограммов веса. Кто-то хочет быть здоровым, кто-то — красивым, кому-то это нужно для укрепления уверенности в себе и повышения самооценки. У иных от этого зависит успех в карьере — как например, у звезд шоу-бизнеса. Во-вторых: все, что связано с похудением, интересует родственников «больших людей» — их мужей или жен, родителей, детей, а также друзей и просто сочувствующих. И еще. Наши граждане искренне пытаются разобраться в том, как же на самом деле худеют те люди, имена которых все время на виду и на слуху. А газетно-журнальные материалы не дают и сотой доли реальной картины — иногда из-за недостатка места, в других случаях потому, что, по мнению того или иного редактора, правдивые истории не очень вписываются в «желтоватый» формат их изданий. Поэтому зачастую материалы о похудевших звездах шоу-бизнеса либо написаны в рекламном стиле, либо привязаны к каким-то информационным

5

поводам. А рассказы самих артистов об их проблемах нещадно режутся и препарируются, чтобы законченный материал получил оттенок сенсационности. Будучи сам профессиональным журналистом, пройдя путь от корреспондента на гонораре до первого заместителя главного редактора газеты тиражом в два с половиной миллиона экземпляров, я знаю, о чем говорю. И, думаю, имею право на честный и откровенный разговор с читателями.

А еще я — большой человек, а был очень-очень большим. Каких-то два года назад я весил двести восемнадцать килограммов, то есть на семьдесят с лишним килограммов больше, чем сейчас, когда пишу эту книгу. Мне известны все основные проблемы крупных людей, их образ жизни, стремления, я знаю почти все о том, как можно справиться с той или иной проблемой, связанной с лишним весом. И конечно, расскажу об этом читателям.

Но главные герои книги — наши звезды шоу-бизнеса. Они сами расскажут вам о том, как шли к тому, чтобы сбросить вес и привести себя в порядок и в хорошую форму. Кому-то это удалось лучше, кому-то хуже, а некоторым не удается вообще.

Проект «Комсомольской правды» «Худеем со звездами!», который я вел на протяжении полугода, вызвал огромный интерес у читателей газеты. Я получил множество вопросов на нашем сайте и по электронной почте. На часть из них я ответил, другие получат ответ в этой книге. Я постарался задать все читательские вопросы, да и свои тоже, нашим звездам. И наверное, впервые самые разные представители шоу-бизнеса: Николай Басков, Петр Подгородецкий, Корнелия Манго, Михаил Шуфутинский, Маргарита Королева, Сергей Крылов, Роман Трахтенберг (к сожалению, ныне покойный), а также крупнейший актер страны Александр Семчев делятся с читателями своими проблемами и их решением. Кто-то из них играет в кино и театре, другие постоянно появляются на телеэкранах, третьи поют в различных жанрах — от джаза и рока до шансона и оперы. У них разный вес — от семидесяти девяти до ста семидесяти килограммов, разный возраст — от двадцати четырех до шестидесяти двух лет. И сегодня эти люди — ваши собеседники, честные, заинтересованные, любящие своих поклонников, а особенно тех, кто сталкивался с такими же проблемами, что и они. Читайте их рассказы о себе, слушайте, как они предупреждают об опасностях, выбирайте свой собственный путь из множества предлагаемых вариантов.

Я не ставил своей задачей приводить в книге большое количество цифрового и справочного материала, но с наиболее грамотными подходами в решении проблемы лишнего веса, конечно, вас познакомлю. Большую помощь в этом мне оказали самый звездный диетолог нашей страны Маргарита Королева, большой друг «Комсомолки», директор Института диетологии и диетотерапии Михаил Гинзбург и, конечно же, наши герои, каждый из которых имеет серьезный практический опыт в работе над собой и своим телом.

Ну а теперь переворачивайте страницу — и вперед, к увлекательным рассказам из жизни «больших» людей и в поход по фронтам борьбы с лишним весом!

ЧАСТЬ ПЕРВАЯ
Самые известные методы похудения

ИСПЫТАНО НА СЕБЕ

ИСПЫТАНО НА СЕБЕ!

Некоторые пытливые читатели интересовались: а почему, собственно, проект «Комсомолки» «Худеем со звездами!» вел не продвинутый диетолог, не тренер по фитнесу, не эндокринолог или, на худой конец, народный целитель?

«Доброго вам здоровьица», — скажу вам я и отвечу на все вопросы относительно моей скромной персоны, которые мне задавали на сайте, в письмах и просто в частном порядке.

С лишним весом мне пришлось начать бороться с юности. В пятнадцать лет я был здоровым и в меру упитанным молодым человеком, при росте метр семьдесят девять весивши семьдесят восемь килограммов. Учился в школе и играл в хоккей, причем довольно успешно. И попал сначала в одну команду, потом в другую, третью... Профессионалами мы тогда не считались, но получали довольно приличные деньги и ничем другим не занимались. Даже учеба как-то на второй план отошла.

В те времена в нашей стране был настоящей экзотикой в игровых видах спорта. Уроки и тренеры называли этим нехорошим словом алкогольные напитки. Впрочем, я видел хоккеистов, в том числе игравших в сборной команде СССР, не просто выходивших на лед с похмелья, но и принимавших перед игрой рюмочку «для разогрева».

ИСПЫТАНО НА СЕБЕ!

Некоторые пытливые читатели интересовались: а почему, собственно, проект «Комсомолки» «Худеем со звездами!» вел не продвинутый диетолог, не тренер по фитнесу, не эндокринолог или, на худой конец, народный целитель?

«Доброго вам здоровьица», — скажу вам я и отвечу на все вопросы относительно моей скромной персоны, которые мне задавали на сайте, в письмах и просто в частном порядке.

С лишним весом мне пришлось начать бороться с юности. В пятнадцать лет я был здоровым и в меру упитанным молодым человеком, при росте метр семьдесят девять весившим семьдесят восемь килограммов. Учился в школе и играл в хоккей, причем довольно успешно. И попал сначала в одну команду, потом в другую, третью... Профессионалами мы тогда не считались, но получали довольно приличные деньги и ничем другим не занимались. Даже учеба как-то на второй план отошла.

В те времена допинг в нашей стране был настоящей экзотикой в игровых видах спорта. Игроки и тренеры называли этим нехорошим словом алкогольные напитки. Впрочем, я видел хоккеистов, в том числе игравших и в сборной команде СССР, не просто выходивших на лед с похмелья, но и принимавших перед игрой рюмочку «для разогрева».

ПОХУДЕЙ СО ЗВЕЗДАМИ

Но врачи, особенно работавшие с молодежью, разбирались в фармакологии. Не знаю, чем конкретно нас в юности кормили (считалось, что витаминами), однако после этих препаратов выносливость росла, мышечная масса тоже. Правда — прошу прощения за подробности — моча у всех подопытных была фиолетового цвета, но это уже детали...

В общем, однажды я обнаружил, что за месячный отпуск в хоккейное межсезонье набрал двенадцать килограммов. С огромным трудом, благодаря тяжелым физическим нагрузкам, я сбросил их, а потом история повторилась. К окончанию истфака МГУ я весил сто двенадцать килограммов, но продолжал играть в разных лигах, в первенствах — РСФСР, Москвы, ведомственных турнирах. Вес же все рос и рос. К тридцати годам я выходил на лед в перешитой «под меня» вратарской форме и играл с весом сто тридцать пять килограммов. Последнюю официальную игру я провел в городе Вайсвассере 10 января 1990 года, защищая ворота хоккейного клуба МГУ в финальном матче международного турнира против местного клуба «Айнхайт». Мне было тридцать три, и весил я тогда ровно полтора центнера.

Журналистская деятельность, которой я стал заниматься после окончания хоккейной карьеры, требует подвижности, особенно в «Московском комсомольце», где я работал с 1991 по 1994 г. Поэтому, прибавив после прекращения активных занятий спортом еще восемнадцать килограммов, в декабре 1991 года я

Алеша Богомолов – 10 лет. 1966 год

решился на радикальные меры: лег на трехнедельное голодание в отделение разгрузочно-диетической терапии 68-й городской больницы. Об этом я расскажу читателям отдельно, а пока сообщу результат: двадцать один день на воде — минус двадцать пять килограммов. Плюс полная чистка организма. Набирал я потерянный вес года три, но, что замечательно, все это время ничем не болел! Даже простудой...

К 1994 году я познакомился со всеми методами похудения, имевшимися в арсенале медиков, и не только их. Меня пытались лечить Аллан Чумак, Сергей Смелов, Игорь Вербицкий и другие граждане, но я проявлял завидную психологическую устойчивость, и когда целитель провозглашал: «Спите!», ощущал в теле удивительную бодрость и готовность к любым подвигам. Обо всем этом тоже отдельный рассказ.

А еще был случай, когда в редакцию «Московского комсомольца», где я работал, позвонил очень настойчивый гражданин, жаждавший встречи со мной. Каким-то образом ему в конце концов удалось обмануть бдительность работников бюро пропусков и проникнуть в здание. Передо мной предстал мужчина средних лет, в плаще и берете, который умолял меня выслушать и оценить его концепцию похудения. Минут двадцать он, не снимая берета, рассказывал мне о раздельном питании, диете Аткинса, голодании по Брэггу, а потом вытащил из хозяйственной сумки литровую банку с подозрительной желтоватой жидкостью. «Вот! — провозгласил он, — это спасет таких, как вы! Выпейте немедленно стакан, и чувство голода на несколько часов исчезнет!» На мой вопрос о том, что это за чудодейственное лекарство, он наклонился ко мне и заговорщицки прошептал: «Упаренная урина». Еще минут двадцать я слушал лекцию об основах уринотерапии и ее практическом применении, а потом все же выпроводил гражданина, сказав, что с ним мечтают познакомиться сотрудники соседней редакции...

Покойный главный редактор газеты «Совершенно секретно» Артем Боровик, у которого в середине девяностых я работал первым заместителем, искренне верил, что мне помогут разрекламированные зарубежные средства, и рекомендовал мне различные популярные системы. Так я попробовал «Гербалайф» и «Кембриджское питание». В конце века дело дошло и до тайских таблеток. Иногда вес даже немного снижался, но возвращался довольно быстро.

Позже, на государственной службе — с сидячей работой, большой зарплатой, «Мерседесом» у подъезда — я быстро рос как по карьерной линии, так и в размерах. И к 2008 году уже имел рекордные двести восемнадцать килограммов, чин действительного госсоветника первого класса и должность вице-губернатора Орловской области.

На самом деле серьезное осмысление проблемы лишнего веса и изменения образа жизни пришло ко мне именно тогда, в 2008 году. Причем без каких-то особых причин и поводов. Что послужило толчком к тому, чтобы заняться собой серьезно, я точно сказать не могу. Нет, у меня не было катастрофических проблем со здоровьем, мне не

нужно было выступать на ТВ или танцевать перед почтенной публикой. Друзья и знакомые любили меня таким, каким я был, да и в личной жизни все складывалось нормально. Но в один прекрасный момент весной 2008 года я сказал себе: «Стоп!»

У меня, как говорят друзья и коллеги, аналитический склад ума, так что я для начала стал собирать информацию по проблеме, анализировать свои действия и ошибки, изучать литературу и опыт тех немногих людей, которым удалось не только по-

1971 год, вес 78 кг

худеть, но и удержать вес. Наверное, правы те, кто считает: всему свое время. У меня такое время наступило. Я решился на главное: работать над собой и ни в коем случае, что бы у меня в жизни ни происходило, не бросать начатого. За это время я стал высоким должностным лицом в чиновной иерархии, затем в один момент потерял все: и свое место, и большую зарплату, и машину с водителем, и прочие удобства и привилегии. Я писал книги, которые то издавались, то нет. У меня умерли мама и тесть, а также мой друг и соавтор будущего бестселлера (книги под рабочим названием «Семь сорок») Рома Трахтенберг. Я решил через четырнадцать лет вернуться в журналистику и придумал проект «Худеем со звездами!», который не состоялся бы, если бы не прозорливость и понимание главного редактора «Комсомолки» Владимира Сунгоркина. Моя жизнь в эти два года была полна взлетов и падений, стрессов и удач. Но неизменным осталось одно: я продолжал менять свой образ жизни. Я все знаю о дробном питании, ограничении калорий, питьевом режиме, но важно понять и принять для себя следующее: худеть надо окончательно, бесповоротно и комфортно, соблюдая те правила, которые вы сами для себя установили.

Лет двадцать с лишним назад в кулуарах концертного зала гостиницы «Космос» я столкнулся с Демисом Руссосом. Он пнул меня в живот остатками своего былого величия (думаю, весил он тогда не больше центнера) и сказал по-английски: «Парень, я был больше тебя, но моя жена, она меня научила. Я больше всего в жизни люблю жареную курицу. И ем ее целиком. Но только с зелеными овощами!» О том, чем закончилась наша встреча, я тоже расскажу вам, уважаемые читатели. Но главное, как я выяснил, — это умение договориться с собой, своим организмом и худеть с удовольствием. Именно понимание этого меня радует и поддерживает каждый день, каждый час, каждую минуту. Я сейчас перешел середину намеченного мной пути. Более семидесяти килограммов (из них тридцать с лишним — за время проекта «Худеем со звездами!») — в активе. Еще как минимум тридцать я хочу сбросить. Надеюсь, что это станет для меня «точкой невозврата» (есть такое понятие у летчиков, когда становится ясно, что горючего на обратную дорогу не хватит и нужно лететь только вперед). Я уже попробовал многое, взял лучшее и наиболее подходящее для себя и работаю вместе со звездами и любимыми читателями. Если кому-нибудь эта книга поможет встать на правильный путь, похудеть, поправить здоровье, то буду считать ее успешной. Нас ведь очень много, и вместе мы обязательно справимся.

А теперь я хочу немного коснуться способов похудения, которые вызвали у меня сомнение. Соглашаться со мной или нет — решать вам...

Первый случай, о котором расскажу, произошел в 1992 году, когда различные экстрасенсы, психотерапевты, целители заполонили телевизионные экраны всей страны. Однажды зайдя в лифт в здании, где располагалась редакция «Московского комсомольца», в которой я тогда работал редактором отдела, я услышал истошный мужской крик: «Подождите!» Человек явно был знаком с неторопливостью работы нашего вертикального транспорта и отчетливо понимал, что в следующий раз сможет уехать только минут через десять-пятнадцать. «Знатоком» оказался не кто иной, как Аллан Чумак, «заряжавший» в то время соседствовавшую с нами «Вечернюю Москву». Делал он это следующим образом: производил магические пассы над какой-то частью текста или своей фотографией, которые публиковались в следующем номере, а граждане-подписчики должны были вырезать ЭТО из газеты и прикладывать к больному месту. И прикладывали ведь! И некоторым помогало!

Увидев мою солидную фигуру, седоволосый красавец в очках обратился ко мне: «О! Я тебя вылечу. Будешь худеть как на дрожжах!» Я ухитрился вставить в поток слов, которые извергал целитель, замечание относительно того, что «на дрожжах» — это не совсем то, что мне нужно, но он сказал: «Не важно. Пошли». И мы отправились ко мне в

кабинет, где маэстро попросил принести ему банку с водой. Секретар-
ша Маня Краснова по моей просьбе быстро притащила трехлитровую
посудину, наполненную тепловатой (было лето) водой из-под крана.

Чумак смачно выдохнул, причем прямо в воду, и начал водить над
ней руками. Маня, впервые видевшая такое священнодействие не на
телеэкране, нервно хихикнула, за что удостоилась испепеляющего
взгляда «волшебника». «Ну вот, — сказал мне Чумак, — будешь пить
по стакану каждое утро и незаметно похудеешь». На этом мы распро-
щались, причем он даже оставил мне свой телефон, чтобы я «позва-
нивал». И главное, отказался от предложенного гонорара, сказав, что
«хорошим людям» (был сделан жест в мою сторону), в отличие от «не
очень хороших» (жест в сторону секретарши), помогает бесплатно.

Не знаю, отчего — может быть, от нашей исконной российской
лени или из веры в «доброго царя», который все за тебя сделает,
я стал каждое утро пить эту воду. За пятнадцать дней я не сбросил

1976 год. С Евгением Гавриловым и Александром Зачесовым. Вес 105 кг   **17**

ни одного грамма! Маэстро был прав: похудение оказалось абсолютно незаметным. Единственный факт, который меня заинтересовал, это то, что вода в банке, несмотря на летнюю жару, не только не испортилась, но и приобрела приятный вкус, к тому же в любое время суток оставалась прохладной. А все это время сотни тысяч людей по всей стране прикладывали к больным местам вырезанные из газет фотографии Аллана Чумака, надеясь, что они им помогут. Он, кстати, говорил мне, что у него есть что-то вроде «обратной связи» со страдальцами. Интересно, чувствовал ли Чумак что-то, когда с помощью его фотографий лечили, скажем, геморрой?

Примерно через месяц после описываемых событий я снова столкнулся с «великим целителем», опять в холле, где он в окружении нескольких гражданок селянского вида ждал попутного лифта. «Ну как, — спросил он, — помогло?» — «Как видишь», — сказал я, не желая смущать «доктора» подробностями. «Зарядить еще баночку?» — спросил он. «Нет, пожалуй, достаточно, — ответил я и чуть кольнул его: — У меня изжога началась...»

Чумак устремил взгляд вверх, а потом поднял палец (так делали, видимо, древние, прежде чем крикнуть: «Эврика!»). «Значит, так. Завтра, вернее уже сегодня вечером, возьмешь «Вечерку», вырежешь из нее мою фотографию и пластырем приклеишь к тому месту, где болит. Утром — как рукой снимет!» Продолжению завязавшейся дискуссии помешал пришедший лифт, в который загрузился Чумак со своими обожательницами. Я же побрел домой, дав себе слово никогда не приклеивать пластырем к животу чьи-либо фотографии. И это слово я держу до сих пор!

Как-то я рассказал эту историю Андрею Макаревичу. Он долго смеялся. А через некоторое время появилась песня «Машины времени» на его стихи «Когда я был большим». В ней есть строчки:

«Когда я был большим, я проглотил аршин.
Меня смотрел Чумак, но ничего не решил...»

Мне это всегда напоминает «чумацкую» историю. А песня «Когда я был большим» в исполнении Петра Подгородецкого стала своеобразным гимном проекта «Комсомольской правды» «Худеем со звездами!»...

Следующая история из моей обширной практики также касается общения с целителем. Повторюсь: в девяностые годы было полно различных «психотерапевтов», некоторые из них были просто обманщиками, а другие умели использовать человеческие слабости. Как ни странно, людей, зарабатывавших деньги потом и кровью, оказывалось гораздо проще убедить отдать эти деньги первому попавшемуся аферисту, чем заставить вести здоровый образ жизни, меньше есть и больше двигаться. Мое глубокое убеждение: человек должен прийти к необходимости настроить свой организм на избавление от лишнего веса сам. Вмешательство в этот процесс со стороны действует только на людей слабых, внушаемых и неспособных противостоять психологическому давлению. Я — к сожалению, а может быть, и к счастью, — к подобному типу людей не отношусь, поэтому попытки целителей воздействовать на меня были обречены на провал. Помню, в 1993 году друзья «по большому блату» направили меня «худеть» к активно рекламировавшемуся в то время доктору Сергею Смелову. В рекламе говорилось о 99% результативных случаев лечения избыточного веса. Мне вручили бумажку с телефоном его офиса, я позвонил, договорился, что приеду, и стал готовиться. Гуру сказал мне, что в

1977 год. Вес 105 кг

19

день общения чего-то нельзя есть, чего-то пить, нужно выспаться и быть готовым воспринять его учение. Я зашел в помещение, располагавшееся в поликлинике и, скорее всего, использовавшееся прежде как красный уголок, и обнаружил, что среди посетителей небольшого зальчика (человек на шестьдесят) было всего двое мужчин — доктор Смелов и я. Я стал слушать, а доктор — читать лекцию. Лекция почему-то была не о психологических настройках, а о пользе раздельного питания. Часа полтора Сергей вдалбливал дамам, что жрать жареную картошку с мясом нельзя, пить водку — преступление, а пирожное — это нечто вроде цианистого калия. Из лекции становилось ясно: отныне процесс еды для присутствующих перестанет быть приятным. «Зато подумайте о том, как на вас будут смотреть мужчины!» — провозгласил Смелов. При этих словах я, в общем-то, не мечтавший о повышенном внимании со стороны представителей своего пола, посмотрел на лектора, а женщины уставились на него и на меня. Ощущение было, надо сказать, волнительное. «Ну, нет, Алексей, — сказал Смелов, — вас это не касается, на вас будут смотреть женщины». Мне хотелось ответить, что благодаря его великому учению на меня уже и так пялятся несколько десятков женщин разного возраста и весьма пышной комплекции, но я скромно промолчал.

А затем настал «момент истины». Было отобрано десять человек, в том числе и я, которых завели в затемненную комнату. Горели свечи, у стен стояли стулья, на которые мы и сели. Затем Смелов попросил закрыть глаза и слушать его. Он монотонно, но иногда чуть повышая голос, говорил о том, как вредно есть мясо убитых животных, как трупы, которые обычно разлагаются в земле, делают это у нас в желудках, отравляя всех и вся напрочь. Народ стал засыпать. Справа и слева я слышал явственное похрапывание. Я же, по совету автора метода, хорошо выспавшийся, не испытывал никакого желания прибыть в объятия Морфея и слушал дальше. «Представьте себе грязные жирные куски мяса убитых животных!» — воскликнул Смелов. При этом перед

20 моим внутренним взором живо материализовался кусок хорошо запеченной буженины с жирным боком и золотистой корочкой. Я коротко сглотнул слюну и получил удар по лбу. «Просыпайтесь!» — сказал учитель. Я хотел сказать, что, собственно, и не спал, но расстраивать мастера не стал, тем более что мое участие в шоу было совершенно бесплатным. Кончилось все тем, что я за десять дней, придерживаясь системы раздельного питания, похудел на два килограмма, которые тут же набрал снова, войдя в свой привычный ритм.

Все, что происходило со мной и несколькими десятками женщин в центре «Серсо», было призвано «устранить психологическую зависимость от пищи». Или, говоря нормальным языком, — заставить человека есть не по привычке, а только тогда, когда он голоден. Я вспоминаю анекдот в тему. «На благотворительном вечере рядом оказались английский бизнесмен и новый русский. Русский наполнил тарелку икрой, крабами и прочей снедью, а англичанин лишь лениво сжевал пару оливок. Новый русский и говорит: «А ты что не ешь? Здесь же халява, платить не надо!» Англичанин отвечает: «Видите ли, я, как цивилизованный человек, ем, только когда голоден». Русский пару минут подумал, а потом говорит: «Ну, ты прямо как животное!»

Кстати, под систему, практикуемую Сергеем Смеловым, была подведена довольно убедительно составленная «научная база», и время от времени в прессу попадали сообщения о его «мировом научном признании». Честно говоря, меня не раз начинали терзать смутные сомнения относительно «мирового признания» этого «волшебного метода похудения», но я оставил их на время при себе. А вот недавно заглянул на официальный сайт центра «Серсо». И узнал потрясающую вещь: Сергей Смелов в 1999 году «был избран членом Нью-Йоркской Академии наук»! Смутные сомнения овладели мной с удвоенной силой, поскольку я вспомнил, что членом этой Академии был в свое время и покойный Туркменбаши — Сапармурат Ниязов.

Зайдя на сайт этого учреждения (благо, английским я владею), я выяснил, что никаких научных и прочих заслуг для членства в этой некоммерческой общественной организации не требуется. А стать ее действи-

21

тельным членом очень просто. Достаточно написать письмо-заявление о том, что вы разделяете цели и задачи Академии, особенно в смысле беспрепятственного распространения научных знаний, а также оплатить ежегодный взнос в размере 129 долларов США. Жителям США, а также студентам и аспирантам предоставляются скидки. Думаю, наш выдающийся ученый от такой суммы не обеднел, поскольку лечение его методом стоит от 5500 рублей в бедных регионах до 10 000 в Москве.

Самое интересное, что под психологическим давлением Смелова многие женщины (как существа более эмоциональные и внушаемые) действительно худели! И до сих пор продолжают это делать. Я же посоветую всем: прежде чем допускать чье-либо (даже члена Нью-Йоркской Академии наук) вмешательство в ваши мозги, посоветуйтесь с настоящим хорошим врачом...

В середине девяностых я попал на прием к «биоэнерготерапевту, медику, члену Ассоциации народных целителей», обладателю «священного сана» Игорю Вербицкому. Осуществлял он свою деятельность уже тогда в центре, носившем его имя и занимавшем пару комнат на первом этаже хрущевки в районе Кунцева. Вербицкий мне поначалу понравился. Высокий, крупный мужчина с бородой и длинными волосами, перехваченными узорной лентой, он источал уверенность в правоте своего дела и успехе мероприятия. Правда, когда я спросил о сути его лечения, он сообщил мне, что это его собственная разработка — метод «медитативно-концентрационных упражнений». Я, конечно, знал, что такое медитация и концентрация, но даже не подозревал, что их можно объединить, как говорится, «в одном флаконе».

Лето 1980 г.
Перед первым концертом
«Машины времени»
в Ленинграде. Вес 110 кг

Его речь представляла собой любопытную смесь из медицинской, религиозной и оккультной терминологии. Произнеся то или иное мудреное слово или выражение, он внимательно смотрел на собеседника, желая насладиться произведенным эффектом. Со мной это не проходило, поскольку в силу общей эрудиции я имею достаточно полное представление о многих вещах и понятиях.

Доступно поведав мне о связи души с Богом и природой, а также о несовершенстве современной медицины, он закончил свою речь словами: «А теперь давайте работать!»

«Работа» заключалась в том, что пациент укладывался на кушетку лицом вверх, Вербицкий включал магнитолу с записью религиозных песнопений или музыкального проекта Enigma (в зависимости от своего настроения), просил закрыть глаза и начинал двигать руками, по большей части над головой. А потом вообще куда-то уходил, оставляя болезного наедине с искусством.

После пары-тройки сеансов я никакого «оздоровительного», а тем более «похудательного» эффекта не заметил. Зато как-то раз у меня жутко разболелась голова. Вербицкий посмотрел на меня внимательно, а затем полез в шкафчик и достал оттуда аппарат для измерения артериального давления. Профессионально наложив манжету, он накачал ее резиновой грушей, приложив стетоскоп к локтевой ямке моей руки. Затем торжественно объявил: «Так я и думал. Сто шестьдесят на сто!» И, видимо не полагаясь на свой «медитативно-концентрационный метод», попросил помощницу: «А сделайте-ка уважаемому Алексею Алексеевичу укольчик никотиновой кислоты и дибазольчика…» И ушел.

Голова моя, конечно, минут через пятнадцать прошла, и я понял, что Вербицкий, видимо, все-таки имел какое-то понятие о медицине. Но больше я к нему не приходил…

А еще был молодой человек по имени Володя, к которому меня затащили друзья, жившие в Орле. Про него рассказывали различные чудеса. Говорили, что он будто бы сам вылечил себе опухоль головного мозга, что у него совершенно необычные методы лечения и прочее. Принимал страждущих он тоже на первом этаже хрущевки, но, в отличие от Вербицкого, в одной из комнат собственной «двушки». Прием был расписан у него по часам, стоил недорого, и я решил пообщаться с молодым дарованием.

В комнате с обычной провинциальной обстановкой советского периода меня встретил субтильный молодой человек лет двадцати пяти, к которому в полной мере подходило определение «юноша с взором горящим». Он, поприветствовав «представителя прессы» (так меня отрекомендовали друзья), тут же начал рассказывать, как сам вылечил себе опухоль, для наглядности демонстрируя следы трепанации черепа на собственной голове. Сообщив между делом, что у него есть рентгеновские снимки «до» и «после», он почему-то не стал их демонстрировать, а перешел сразу к делу — нажал на кнопку «пуск» китайской магнитолы, из которой, к моему удивлению, зазвучала музыка знакомого мне проекта Enigma. И ушел, оставив меня наедине с мыслями и догадками относительно знакомства данного индивидуума с методами Игоря Вербицкого. Различие, на первый

Весна 1986 года. С «Машиной времени» на «Рок-панораме».
Вес 135 кг. Уже многовато…

взгляд, было в том, что я не лежал, а сидел и слушал музыку до сеанса, а не во время оного.

Рядом с диваном стоял небольшой журнальный столик, на котором были разложены бумаги. Присмотревшись, я увидел среди них ксерокопию дипломатического паспорта орловского губернатора (тогда он именовался «главой администрации») Егора Строева, а также подписанный им контракт с компанией «Кока-Кола».

Через пару минут мне стало ясно предназначение этих бумаг. «Целитель» зашел в комнату, взял их со столика и, показывая мне, сказал: «Видите? Вот чем приходится заниматься!» И доверительно сообщил, что является личным целителем главной семьи области и что у «самого» дела «очень плохи» и «все врачи его лечить отказались». (Напомню, что было это пятнадцать лет назад, а Егор Строев жив и здоров по сию пору.)

Затем молодой человек произнес знакомую фразу: «Будем работать!» и, закатывая глаза, стал читать что-то напоминавшее молитвы. После каждого эмоционально окрашенного пассажа он громко кричал: «Выйди бес из тела!», подразумевая, по всей видимости, что бес ютится где-то внутри моего обширного организма. «Целитель» корчил рожи, иногда подпрыгивал на месте, сопел, кряхтел, изображая, скорее всего, какие-то неведомые мне степени напряжения своих «чудесных» способностей. Иногда замирал, кося одним глазом в мою сторону, — наверное, ждал ответной реакции. Меня начал разбирать смех, и я с трудом сдерживал себя, чтобы не улыбнуться.

Продолжалось все это действо минут двадцать, после чего Володя взмахнул руками и, в очередной раз крикнув насчет «беса», сообщил, что мероприятие окончено и никаких бесов у меня в ближайшее время наблюдаться не будет. Затем еще раз потряс бумажкой с ксерокопией паспорта губернатора и провозгласил: «А вот с ним будет гораздо сложнее...»

Самое любопытное, что уже через два года я работал советником Егора Семеновича Строева. Как-то раз, в минуту откровенного разговора, я спросил его, не слышал ли он что-либо про «народного целителя Орловской земли» Володю? Он удивленно поглядел на меня, а потом сказал: «Да, мне Нина Семеновна (жена Е. С. Строева. — *А. Б.*) что-то говорила. Но я во всякие такие глупости не верю». И перевел разговор на другую тему. А у меня почему-то все не выходили из головы диппаспорт, контракт и другие бумаги, невесть как оказавшиеся на столе у «изгонятеля бесов».

Основываясь на этих историях, позволю себе дать несколько советов:

1. **Всему свое время.** Если вы не готовы к тому, чтобы похудеть, если жизнь в вашем теле для вас комфортна и вы не чувствуете явных неудобств, то начинать процесс не надо. Разве что для преодоления проблем со здоровьем. Но это другой случай.

2. **Хотя почему же другой?** Здоровье — столь же мощная мотивация, чем желание женщины нравиться мужчинам, стремление располневшей телезвезды вернуться в эфир, певца или музыканта справляться со своим гастрольным графиком и т. д. Да мало ли что может быть поводом? Одной знакомой девушке хватило того, что ее один раз назвали «толстой». После этого она практически не ела полгода, похудев с сорок восьмого до тридцать четвертого размера. Правда, потом ее выводили из «худобы» с большим трудом... В общем, мотивация — это крайне важно.

3. **Еще вы должны знать, что происходит внутри вашего тела.** Кто-то может это изучить по книжкам и Интернету, другим подскажут врачи. Но без понимания сути процесса вам будет очень трудно.

4. **Хорошо, если рядом есть человек, который способен вам помочь,** объяснить, проконтролировать результат, сде-

лать коррекцию диеты. В одиночку достигнуть успеха трудно — знаю по себе.

5. Если сорвались, никогда не бросайте начатого. У меня был случай, когда я сбросил восемнадцать килограммов и, опьяненный успехом, вернулся к прежним привычкам. Набрал их гораздо быстрее, чем сбрасывал. Но потом снова сказал себе: «Стоп!»

6. Не пытайтесь худеть с помощью одной диеты. Лучше всего их чередовать. А еще лучше — сделать новую для вас систему питания образом жизни.

7. Занимайтесь аутотренингом. Мне, например, очень помогает составленная мной таблица, где указано, сколько и когда я весил. С весны 2008 года у меня идет обратный отсчет. Я заношу в компьютер свой вес и рядом ставлю отметку, например: «158 кг — такой вес был у меня 21 ноября 1990 года». Сейчас я вернулся на тридцать лет назад. А хочу как минимум на тридцать пять.

8. Изучайте ошибки, чужие и свои. Лучше чужие. О них вам, уважаемые читатели, расскажем мы — я, мои друзья, участники проекта «Худеем со звездами!».

9. Выбирая методы похудения, не связанные с диетологией и фармакологией, помните об опасности вмешательства посторонних людей в вашу психическую сферу.

10. Движение — это жизнь! И похудение тоже. Делайте то, что вам доступно: ходите по десять тысяч шагов в день или занимайтесь фитнесом, или плавайте, причем чем больше, тем лучше. Единственное правило: это надо делать ежедневно!

11. Направьте на борьбу с лишним весом весь арсенал современной науки: фармакологию и биодобавки, мас-

саж, различные дренажные и улучшающие кровоснаб-
жение проблемных мест процедуры, постарайтесь не
упустить ничего. Но при всем этом обязательно советуйтесь со специалистами.

СИДЯ НА «КОЛЕСАХ», или НЕСКОЛЬКО СЛОВ О МЕДИЦИНСКИХ ПРЕПАРАТАХ

Я с детства люблю приключенческие и остросюжетные романы.
В пять лет я прочитал «Трех мушкетеров», а к десяти, с трудом отыс-
кивая в англо-русском словаре советского издания различные слен-
говые выражения, начал читать в оригинале книги Яна Флеминга про
агента 007. Уже потом мне попался знаменитый роман моего одно-
мильца Владимира Богомолова «В августе сорок четвертого». Вы
спросите: при чем тут похудение? Отвечу вопросом на вопрос: «А зна-
ете ли вы, уважаемые читатели, каким запрещенным Минздравом сти-
мулятором пользовались и Джеймс Бонд, и советские солдаты, прово-
дившие спецоперацию, описанную в романе Владимира Богомолова?» Не буду играть с вами в детские игры и сообщу: это сильнодей-
ствующее вещество носило в российской разведке и контрразведке
название фенамин, а в английской — бензедрин. И использовалось
оно бойцами как видимого, так и невидимого фронтов в разных фор-
мах: наши солдатики глотали розоватые таблетки, а агент 007 вдыхал
носом белый порошок. И это был не кокаин. Кокаином увлекался
Шерлок Холмс, если верить сэру Артуру Конан Дойлю. А он, думаю,
не стал бы обманывать читателей...

Я пробовал фенамин один раз в жизни, в 1978 году, когда писал
одновременно две дипломные работы: за себя и за свою жену. Мой

приятель, имевший отношение к спецслужбам, притащил мне три таблетки без упаковки. Были они, правда, не розового (как в книге Владимира Богомолова) цвета, а какого-то желтоватого. «Вот тебе «колесики», — сказал он, используя профессиональную терминологию. — По штуке в день, не больше, а то потом отходняк такой будет…»

Голова моя гудела от перепутавшихся в ней фальсификаторов истории, Пролеткульта, коллективизации, левых эсеров и писателей-эмигрантов. На сон и отдых, однако, времени не было. Я проглотил таблетку и решил все-таки прилечь. Но через несколько минут у меня в мозгу материализовалась какая-то свежая волна. Усталость куда-то исчезла, появилась необычайная ясность мысли и несвойственная не спавшему больше суток человеку энергия. И я сел за печатную машинку.

Работа спорилась, страница за страницей ложились на стол уже

В 1989 году я придумал официальную биографию для Михаила Звездинского. Я весил 145 килограммов, он – вдвое меньше

отпечатанными начисто. Мой внимательный глаз успевал замечать даже некоторые несоответствия и грамматические огрехи черновика. Вернувшаяся из библиотеки жена вывалила мне на стол новую партию своих записей и участливо спросила: «Ты хоть поспал?» Я лишь отрицательно покачал головой. Зная, что меня в рабочем состоянии лучше не трогать, она прилегла на диван и задремала.

Я же печатал, печатал, иногда пил чай или любимый мной в то время напиток «Саяны». Примерно через сутки, запивая им вторую таблетку чудодейственного вещества, я отметил про себя, что мне почему-то не хочется есть. Лишь на следующий день, после трех бессонных ночей я завершил свою титаническую работу и рухнул спать.

Проснулся я с больной головой и зверским аппетитом. Правда, меня почему-то немного подташнивало, даже от моей любимой яичницы с ветчиной, но я счел это следствием усталости. И забыл о спецтаблетках, казалось бы, навсегда.

Через некоторое время я лицом к лицу столкнулся с проблемой растущего веса. Как только у меня прекращались тренировки, я добавлял несколько килограммов. Потом сбрасывал их. И пошел советоваться с участковым врачом обычной поликлиники №56 Ленинского района Москвы. Милейший Наум Израилевич Слуцкин, знавший меня еще мальчиком, выслушал меня и сказал: «Быть может, вы, Алексей, будете смеяться над старым евреем, но я-таки думаю, что вы где-то уже перекушали гормончиков. Вы, по случаю, в культуристы не метили?» Я ответил отрицательно и стал расспрашивать Наума — так мы все его запросто называли — о том, есть ли какие-то способы лекарственного похудения. «Эх, — сказал он, — сейчас это все уже запрещено. А в наше время вам бы фенаминчика попить по таблеточке с утра. Через месяцок бы не узнали себя...» Я услышал знакомое название и попросил его рассказать подробнее. «А что тут особо рассказывать? В пятидесятых годах его можно было по рецепту в аптеке купить. Да что там фенамин, тогда таблетки от боли в желудке на основе опия делали!» В общем, выяснилось, что этот мощный стимулятор вывели из лекарственного оборота из-за того, что он, во-первых, вызывал привыкание, а во-вторых, имел серьезные побочные эффекты. Его заменили более слабым аналогом — фепраноном. Мне потом по большому блату достали его в знаменитом Четвертом управлении Минздрава, но я, пропив курс, выяснил, что он угнетает мой здоровый аппетит очень слабо. А сейчас, по-моему, и фепранон приравнен к наркотикам. Медики, причем не без основания, считают, что его употребление в течение трех месяцев вызывает стойкое привыкание. Был и еще один препарат — дезопимон, но он тоже действовал на аппетит весьма умеренно. А еще до сих пор существуют и мазиндол с его разновидностями, и манифаж, изолипан и другие лекарства, которые или близки к наркотикам, или имеют побочное действие, иногда сводящее на нет всю пользу от их употребления для ограничения аппетита. Кстати, многие из названных лекарств сейчас уже запрещены для применения в медицинской практике. Поэтому в то время я просто забыл о таблетках и сбрасывал вес естественным путем: больше тренировался и меньше ел. В молодости такие вещи помогали лучше всего…

Лет через пятнадцать после описываемых событий, а если быть точным — в 1995 году, когда я стал первым заместителем главного редактора газеты «Совершенно секретно», мой друг и начальник Артем Боровик познакомил меня с гербалайфом. Из своих командировок в Америку он привез довольно много всяких рекламных проспектов, которые обещали чудесное похудение и оздоровление. А когда гербалайф появился у нас в стране, он вспомнил об этом и, глядя на мою мощную стосемидесятикилограммовую фигуру, решил помочь. В общем, я получил с десяток баночек и картонных тубусов, наполненных различного цвета капсулами, таблетками и порошками, а также инструкции по их применению и упомянутые мной брошюры и проспекты. Порошки надо было разводить в воде и пить вместо еды, а таблетки и капсулы употреблять в строго определенном порядке. Испытывая искреннее уважение к Артему, я начал глотать все эти вещества — как утверждалось в инструкциях, исключительно натуральные. Коктейли — шоколадные, ванильные, клубничные — правда, отдавали какой-то химией, но были не очень противными на вкус. За месяц я сбросил три килограмма, причем постоянно испытывал дискомфорт от того, что привязан к этим таблеткам и порошкам. А еще мне все время хотелось настоящей вкусной еды.

Наконец, внимательно изучив англоязычный вариант брошюры о гербалайфе, я выяснил пару важных деталей. Оказывается, при переводе на русский язык был «забыт» один достаточно важный тезис, который звучал примерно так: «Отдавайте себе отчет в том, что вы сможете достичь реального результата только при постоянном, пожизненном использовании продуктов гербалайф». А специально для тех, кто хотел похудеть, в брошюре указывалось, что одновременно с приемом таблеток и капсул нужно соблюдать низкокалорий-

Март 1991 года. Митинг на Тверской, перекрытой троллейбусами и милицией. Корреспондент «МК» Алексей Богомолов за работой. Вес 155 кг

ную диету — семьсот килокалорий в день. И все это за сто пятьдесят долларов в месяц, как минимум! Как обычно, наши лукавые дистрибьюторы убрали из текста самое главное! Мне сразу вспомнился анекдот о том, как молодой человек, сменивший своего постаревшего отца на должности врача богатой английской семьи, прибежал домой с криком: «Папа! Я наконец-то вылечил сэра Джеймса от той самой хронической болезни, которой он страдал столько лет!» «Идиот, — грустно сказал папа, — эта болезнь двадцать лет кормила всю нашу семью!» Я рассказал об этих моих изысканиях и умозаключениях Артему, и он философски ответил: «Ты же не умер, да? А все, что нас не убивает, делает нас сильнее». И спросил, знаю ли я, что такое «Кембриджское питание»? Я не знал и через несколько дней на своем рабочем столе обнаружил несколько коробок с красивыми надписями на английском. Скажу честно, эта система тоже оказалась не по мне. Возможно, питание это малокалорийное, возможно, содержит все необходимые организму витамины и микроэлементы. Но вот удовольствия от употребления его внутрь я не испытывал никакого! А главной заповедью для худеющего человека должен быть комфорт. Если вы сидите на диете и постоянно чувствуете себя обделенным, то знайте: неприятные ощущения вызывают не только ваши пищевые привычки (или, как говорят диетологи — пищевое поведение). Это внутри вас говорит природа, ваш собственный организм, возмущенный лишениями. Прошлыми, настоящими и будущими. И как вы ни будете «уговаривать» его «потерпеть», он в один прекрасный момент либо затормозит похудение (выйдет на весовое плато), либо просто сорвется. И тогда вы начнете есть, есть и есть. Все сброшенные килограммы к вам вернутся и принесут с собой дополнительный вес. Проверено, в том числе и на себе, к сожалению.

Я пишу об этом не для того, чтобы разоблачить эти, безусловно, основательно разработанные коммерческие системы питания, которыми пользуются миллионы людей. В подкрепление своих наблюдений приведу цитату из книги «Соловьев против Соловьева», написанной

33

ПОХУДЕЙ СО ЗВЕЗДАМИ

известным телерадиоведущим Владимиром Соловьевым о его опыте похудения. Ему очень не нравились многочисленные граждане со значками «Хочешь похудеть — спроси меня как». «Сейчас эти убогие куда-то рассосались. Но когда-то их было как мух летом. Один из них, точнее одна, убедила мою маму попробовать похудеть на их препаратах, и мама передала все это мне. Через неделю я почувствовал, что почкам приходит конец, — мне стало не просто плохо, а очень плохо. Мудрая распространительница заявила: надо больше пить воды. Она была права, с водой стало еще хуже, но гораздо быстрее. К счастью, я бросил эту дрянь, так что обошлось без больницы. Ах, да — конечно, никакого похудания не наблюдалось. Позже кто-то из этих «гер-» объяснил мне, что все дело было в некачественном товаре из Израиля, и тут я завелся. Позвонил в Америку в Better Business Beauro, в город, где они зарегистрированы, и узнал о множестве исков к этой компании, о запретах на их деятельность во многих штатах и постоян-

Май 1992 года. Вьетнам. После голодания снова вернулся к 150 кг

ной лжи о программах НАСА и Тибете. Неудивительно, что империя алчности и лжи рухнула одновременно со смертью — причем в сравнительно молодом возрасте — ее владельца».

И конечно же, ваш покорный слуга попробовал в свое время знаменитые «тайские таблетки»! Чуть больше десяти лет назад мой друг Тарас Нотин, искренне желая помочь мне, обеспечил меня запасом «волшебного препарата», контрабандой доставленного из Юго-Восточной Азии. Поскольку Таиланд находится далеко, а контроль на таможне серьезный, возили это запретное снадобье в основном летчики и стюардессы. Полиэтиленовые пакетики с разноцветными пилюлями и достаточно сжатыми рекомендациями по применению (о составе в них вообще не говорилось) особого доверия не внушали. Но почему бы не попробовать? Вдруг поможет?

Начав принимать незнакомое и неапробированное лекарство, я сделал ошибку, которая свойственна большинству людей. Думая о своем здоровье, мы часто надеемся на то, что сможем достигнуть радикального результата с помощью чуда. И бросаемся в омут с головой, не задумываясь о последствиях. У всех они разные. Я, например, от первого курса похудел килограммов на двадцать, не испытывая, видимо, в силу общего физического здоровья, побочных явлений. Думаю, что произошло это скорее от желания сбросить вес и от уверенности в положительном результате, чем от самих пилюль. Потом вес вернулся. А вторая порция таблеток не сработала вообще. Или это была подделка, или организм просто привык. Я знаю многих людей, у которых даже через неделю после начала приема начинались серьезные проблемы со здоровьем. У кого-то поражались почки, кто-то по неизвестной причине получил гепатит, у кого-то заболела поджелудочная железа... На «тайские таблетки» «подсаживались» и звезды. Например, великий пианист Николай Петров, обладающий богатырским телосложением, в свое время имел весьма печальный опыт общения с этими пакетиками. Лолита Милявская, у которой борьба с лишним весом превратилась в стиль жизни, рассказывала, что от

35

«тайских таблеток» «загремела в больницу с малокровием». Ей никто не объяснил, что их следует принимать в больничных условиях, что в процессе приема нужно заниматься углубленной работой над собой и созерцанием. А Лолита работала на сцене. И отмечала, что действие «тайских таблеток» похоже на действие кокаина (тут уж ей лучше знать). Попробовали эти таблетки Наталья Крачковская, похудевшая на двенадцать килограммов, а потом набравшая двадцать четыре, Филипп Киркоров, Лайма Вайкуле, Николай Расторгуев, Ксения Бородина, Анфиса Чехова и другие. А Яна Поплавская вообще попала в больницу в состоянии, которое медики характеризовали как «тяжелое».

Сейчас, кстати, большинство «тайских таблеток» привозят из Китая. А действующим веществом в них является фенфлюрамин. Это вещество уже лет десять как запрещено к свободному употреблению на территории России, ибо является сильным психотропным препаратом, оказывающим неконтролируемое действие на центральную нервную систему и поражающим печень.

Поэтому я, как «продвинутый юзер», если пользоваться современной терминологией, снова обращаюсь к здравому смыслу, который, вне всякого сомнения, присутствует у подавляющего большинства людей, хотя они не всегда живут в согласии с ним. Природой устроено так, что организм у нас один. Есть некоторые парные органы, но, согласитесь, потерять глаз, тыкая в него иголкой ради эксперимента по улучшению остроты зрения, более чем глупо. Желудок, кишечник, печень и другие жизненно важные органы у нас в единственном числе. А именно они отвечают за переработку того, что мы с вами закидываем внутрь.

Возьмите себе за правило анализировать свои поступки. Не те, которые уже совершили, хотя это тоже полезно, а те, которые совершить собираетесь. Специальная медицинская литература, Интернет открывают безграничные возможности для проверки того, чем вы собираетесь пользоваться. Если вы ищете лекарство, биодобавки,

Я здороваюсь с экс-председателем Совета Федерации
Владимиром Шумейко. Полковники внимают. 2000 г.

диету, психотерапевта или целителя, старайтесь избегать рекламы и
сайтов, посвященных данному продукту, методу или индивидууму.
По большей части вся информация там направлена на то, чтобы заставить вас любым способом купить ЭТО! Смотрите форумы на других
сайтах, ищите информацию в медицинских журналах — именно в
них, а не в популярных изданиях. В конце концов, консультируйтесь
с врачами. Ваше здоровье зависит от вас. Ваше тело — это основное
место вашей жизни. И прежде чем пустить к себе на порог кого-либо (или что-либо), десять раз подумайте. Я в свое время смеялся над
героями сериала «Санта-Барбара», которые регулярно, к месту и нет,
задавали друг другу вопрос: «А правильно ли мы поступаем?» Знае-
те, а ведь они были правы! Чаще задавайте себе такой вопрос, ду-
майте, анализируйте, проверяйте, делайте поправки на рекламу и

37

коммерческие составляющие. И запомните: все это — часть вашей работы над собой, над собственной индивидуальностью, в том числе и над лишним весом.

В современной фармацевтической промышленности существует целая отрасль, причем одна из самых богатых, которая занимается производством средств для снижения веса. Их можно разделить на две основные группы: собственно лекарственные средства и биодобавки. И если среди первых можно довольно быстро выбрать, что действенно, а что нет, то по вторым нужен основательный навигатор, поскольку в любой аптеке вы сможете найти десятки, а то и сотни блистеров, баночек, пакетиков с неведомыми, зачастую экзотическими наименованиями.

Из лекарственных средств я могу назвать два вида капсул, которыми любят пользоваться наши звезды при похудении. Первое лекарство называется «Меридиа», оно способствует ограничению аппетита. Я познакомился с ним задолго до начала этого проекта благодаря Марине, дочери моего в то время непосредственного руководителя, Председателя Совета Федерации Егора Строева. Она, женщина довольно внушительных размеров, обмениваясь со мной опытом похудения, рассказала, что на лечении в Карловых Варах эндокринолог рекомендовал ей «Меридию». Но ей она не подошла, поскольку вызывала повышение давления. Я обнаружил это лекарство в аптеке. Стоило оно довольно дорого, да и сейчас восемьдесят четыре таблетки меньше чем за три тысячи рублей не купишь. Продавалось лекарство без рецепта (сейчас его внесли в список сильнодействующих). Но на день было достаточно всего одной капсулы. И аппетит не то чтобы отбивался напрочь, но заглушался основательно. Действующее вещество этого лекарства — сибутрамин — центрального действия, оказывает влияние непосредственно на центр насыщения. При этом не только регулируется аппетит, но и нормализуется усвоение пищи. Принимают «Меридию» с утра по одной штуке. Обычно начинают с десятимиллиграммовых черно-желтых капсул, которые пьют, как минимум, три месяца. Если за это время вес снижается менее чем на пять процентов, то можно не продолжать — это лекарство для вас неэффективно. Если же вес уходит постоянно, сбрасывается по десять процентов за три месяца, то лечение считается крайне успешным. И в случае остановки сброса веса (обычно первый этап — это год) можно перейти на новую дозировку — пятнадцать миллиграммов (синебелые капсулы). Кстати, есть отечественный аналог этого лекарства под названием «Редуксин», но он тоже не из дешевых...

В фармацевтическом мире довольно большая конкуренция, в том числе и в сфере средств для подавления аппетита. Поэтому компании, продвигающие на рынке те или иные лекарства, делают все, чтобы скомпрометировать своих конкурентов. Они заказывают медицин-

2000 год. Главный редактор «МК» Павел Гусев,
Председатель Совета Федерации Егор Строев и я (мой вес 200 кг)

ские исследования (в том числе и с предопределенным результатом), чтобы показать иногда мнимую опасность препарата. Даже внесение его в список сильнодействующих средств, отпускаемых строго по рецептам, уже наносит серьезный удар по объему продаж. Поэтому я не очень верю как рекламе, так и антирекламе, и рассказываю только о том, что пробовал сам или использовали известные люди.

Относительно «Меридии» могу сказать следующее: по отзывам наших «звезд» и диетологов, это весьма эффективный препарат для подавления аппетита и улучшения обмена веществ. Но он один — не панацея. Его эффект усиливается при соблюдении диеты (а с препаратом она легче переносится), а также с увеличением физической активности и с процедурами физиотерапии. Кроме того, как и любое лекарство, «Меридиа» имеет побочные эффекты, а некоторым людям просто противопоказана. Поэтому посоветоваться с вашим лечащим врачом относительно приема этого препарата нужно обязательно!

Второе лекарство, которое до сих пор используют многие персоны из шоу-бизнеса, телевизионного и политического бомонда, это швейцарский препарат «Ксеникал» («Орлистат»). Вот у него противопоказаний практически нет, поскольку он действует лишь в желудке, абсолютно не всасываясь и выводясь через кишечник. Некоторые звезды любят принимать его после серьезного застолья, когда съеден большой объем жирной и тяжелой пищи. Чаще всего используют его вместе с ферментными препаратами типа фестала, мезима и прочими, помогающими перевариванию пищи.

«Ксеникал» действует, да простят мне фармакологи такую аналогию, подобно средству для отмывания жира с посуды. Он связывает внутри желудка примерно тридцать процентов попадающих туда жиров, а потом выводит их через кишечник. Однако есть у него одно, но очень серьезное неудобство... Уже упоминавшийся мной Владимир Соловьев, который, как и я, много экспериментировал на себе, когда худел со ста шестидесяти до восьмидесяти килограммов, конечно, не обошел вниманием и «Ксеникал». Впечатления от его побочных эффектов он описал в своей книге: «Обычно нам, потребителям, преподносится абсолютно рекламный псевдонаучный текст: мол, те жиры, которые попадают с едой, схватываются, связываются, «Ксеникал» препятствует их усвоению и выводит из организма.

Точно могу сказать одно: да, кое-что выводится, причем выводится с невероятной силой. Первое, на что настраиваешься при употреблении «Ксеникала», — это осознание того, что не дай бог пукнуть в белых брюках. А в машине всегда приходится возить с собой на всякий случай пару смен белья и пару костюмов либо джинсов — смотря какой стиль одежды вы предпочитаете. Иначе может произойти история, подобная той, что случилась с известным ведущим Валдисом Пельшем в Париже, — после этого происшествия при слове «Ксеникал» Валдис густо краснел и смотрел со значением, а белые брюки, говорят, до сих пор предпочитает не носить... ...Психологически затягивает желание проглотить одну-две таблеточки после каждого приема пищи и не париться. Тем более что сразу препарат, как правило, не действует — он должен накопиться в организме. Зато потом... уже не остановишь. В итоге привыкаешь в каждом новом городе первым делом изучать места расположения приличных туалетов и уж точно приучаешься всегда носить в заднем кармане брюк туалетную бумагу или бумажные салфетки».

Участник проекта «Комсомолки» «Худеем со звездами!» Александр Семчев тоже признался мне, что бросил использовать «Ксеникал» из-за неудобства. Когда я стал допрашивать его относительно деталей, он просто сказал: «Видишь ли, я все-таки время от времени бываю склонен к близкому общению с женщинами. А представь себе, что вдруг во время этого самого общения «Ксеникалу» вздумается проявить свои самые эффективные свойства!»

Некоторые современные препараты, относящиеся к антидепрессантам, используются врачами для лечения ожирения. Это «Флюксамин» и «Сертралин» («Золофорт»), «Флюксетин» («Прозак») и другие. Эти лекарства назначают в основном не диетологи, а психиатры.

41

ПОХУДЕЙ СО ЗВЕЗДАМИ

Часто различные нервные болезни сопровождаются приступами булимии — то есть неконтролируемого влечения к пище, которая, будучи съеденной, собственно, чувство голода-то и не убирает. А у упомянутых лекарств есть побочное действие — снижение массы тела. Маргарита Королева в своей книге «Легкий путь к стройности», к примеру, пишет, что, скорее всего, потеря избыточной массы тела связана с тем, что при применении этих препаратов повышается температура тела в связи с увеличением энергозатрат.

Побочные эффекты, которые можно считать положительными, существуют и у лекарства от инсулинонезависимого (так называемого второго типа) диабета под названием «Глюкобай». Оно снижает всасываемость углеводов в кишечнике и, как считают врачи, способно не радикально, но все же снизить массу тела при длительном применении. Еще одно подобное лекарство носит название «Глюкофаж» и тоже может

Сентябрь 2001 г. Егор Строев произносит речь по поводу
моего награждения. Вес 205 кг

положительно действовать при сочетании ожирения и диабета.

Мы уже упоминали такое весьма распространенное явление, как попытки лечить ожирение биодобавками. Биологически активные вещества, строго говоря, к лекарствам не относятся. Сейчас в нашей стране циркулирует великое множество подделок под «средства для похудения»: разного рода чаи, настои, таблетки, капсулы, банки с водорослями и прочее. Многие из них могут дать эффект за счет включенных туда слабительных, желчегонных и мочегонных компонентов. Нынешней весной в прессе промелькнуло сообщение о том, что при контрольном анализе у одной из самых перспективных российских гимнасток семнадцатилетней Кристины Горюновой был обнаружен фуросемид. Это мощный мочегонный препарат, и в семидесятых-восьмидесятых его активно использовали гимнастки, штангисты и боксеры для снижения веса. При употреблении пары таблеток из организма выводится два-три литра жидкости. Боксер или штангист, к примеру, мог «вписаться» в нужную категорию. А знакомые девочки-гимнастки рассказывали мне (дело было лет тридцать назад), что перед общением с тренером и взвешиванием, а иногда и перед соревнованиями они «гнали фуру», то есть принимали этот самый фуросемид для снижения веса. Но Кристина Горюнова, успевшая выиграть не один этап Кубка Мира и первенство России, всего-навсего пила чай для похудения, причем не какой-нибудь китайский, а самый что ни на есть отечественный — «Турбо Слим», имеющий все необходимые сертификаты.

Когда я рассказал об этом своему приятелю — полковнику милиции, который сталкивался, в силу своей профессии, с недобросовестными производителями «чаев», он поведал мне другую историю. «У нас никому в голову не придет (особенно это касается небольших фирм) действительно делать средство для похудения в виде чая. Это для наших производителей, привыкших делать деньги «из воздуха», более чем накладно. А делается «чай» так: собирается трава, причем не обязательно полезная, лишь бы на вкус при заварке не очень противной была, моется, а затем сбрызгивается раствором лазикса, то есть фуросемида. Сушится, мелко перемалывается, упаковывается, и все: «чай для похудения» готов! Выпил чайку — и как в рекламе памперсов: «Я пью и писаю, потом опять пью и писаю!» Вот только лекарство это стоит очень недорого — рублей десять за сорок таблеток (а раствор по оптовым ценам еще дешевле), за счет чего «чай» дает процентов триста прибыли. И можно представить, какой вред человек наносит своему организму, ежедневно выпивая стакан-другой мочегонного настоя. За месяц можно нарушить солевой баланс до такой степени, что сердце не выдержит. Зато жидкость из организма выводится регулярно и самым что ни на есть химическим способом».

Пусть это выглядит как антиреклама, но я никаких «чаев для похудения» не употреблял, не употребляю и употреблять не буду!

Биодобавки, хочу вас сразу предупредить, это вещь очень сложная для выбора. Ни одна из них не прошла полноценных клинических испытаний, поэтому-то они и не считаются лекарствами. А вот зарегистрировать какой-нибудь состав как добавку к пище — в разы проще и дешевле. В состав биодобавок (или БАДов) входят и лекарственные препараты. Например, существуют добавки, которые усиливают процессы расщепления жира на клеточном уровне. Смотрите на состав предлагаемого вам БАДа, и если там есть адреналин, кофеин, танин, форсколин — это именно те вещества, на которых и основан «похудательный» эффект. Своего рода аналогом «Ксеникала», но с менее выраженным действием и без упомянутых неудобств, является «Хитозан», который может связывать липиды в желудочно-кишечном тракте. Есть еще такое вещество как L-карнитин, который стимулирует перенос жирных кислот в митохондрии клеток, где они расщепляются. Но его пьют обычно перед серьезной физической нагрузкой — тогда и наблюдается необходимый эффект.

В общем, скажу честно: я не могу порекомендовать ни одну из имеющихся на рынке биодобавок. По одной причине: как правило, все они существуют от года до трех. После того как потребители понимают их бесполезность, название снимается, и тот же состав появляется на рынке под новым брендом и с новой красивой легендой.

Люди более зрелого возраста, думаю, помнят, сколько раз им пытались продать обычные водоросли, которых у нас на Дальнем Востоке громадное количество. То реклама говорила о загадочных «японских производителях», то кричала про «водоросли из экологически чистого района Охотского моря», то предлагала банки с «Нестарином» — теми же самыми водорослями, а также сушеные, прессованные и прочие морские растения. И все это, в конце концов, оказывалось обычной морской капустой, которая продается на любом рынке и в любом крупном продуктовом магазине. Вот только она стоит совсем недорого, а за свою продукцию, разрекламированную как панацея от всех бед, некоторые фирмы запрашивали очень большие суммы.

Наш фармацевтический рынок еще далек от цивилизованности, тем более рынок биодобавок. Если продукт действительно качественный, то он, как правило, произведен за рубежом. Но и стоят биодобавки известных американских и японских фирм, соответственно, в разы больше. Поэтому наши продавцы предпочитают их не покупать и не распространять. А вот китайские или изготовленные где-нибудь в подпольном цехе — пожалуйста! Но что в них смешано и каков будет эффект — неизвестно никому. Хотите провести эксперимент на себе? Проводите, воля ваша, но помните, что здоровье у вас одно...

Дам несколько советов:

1. Вы никогда и никаким образом не сможете приготовить составляющие систем типа «Гербалайфа», «Кембриджского питания» и других самостоятельно, в домашних условиях. Вам придется их покупать.

2. Для достижения успеха вы должны будете покупать эти системы всю жизнь, точно так же, как наркоман покупает наркотики. Только зависимость у вас будет не чисто физической, а скорее психологической. Вы будете бояться потерять достигнутый результат, сорваться, выйти из системы. Такова, извините, сущность любого коммерческого культа, любого сетевого маркетинга.

3. Постарайтесь преодолеть себя и не попадаться на рекламу. Она часто бывает недобросовестной.

4. Не занимайтесь самолечением. При выборе лекарственных средств советуйтесь с врачом.

5. Если вы решили принимать то или иное средство, внимательно прочтите о нем все: инструкции, противопоказания, дозировки, отзывы в форумах, статьи в научных медицинских журналах. Потратив пару часов на сидение в Интернете, вы хотя бы примерно будете знать, что вас ждет и на что вы можете рассчитывать.

6. Выбирая биодобавки, отдавайте предпочтение тем, которые положительно зарекомендовали себя (таких очень немного).

7. Изучайте состав биодобавок и механизм их действия. Советуйтесь с врачами по поводу их употребления.

КОЕ-ЧТО О ГОЛОДЕ

Существует великое множество способов избавления от лишнего веса, и один из самых радикальных, но в то же время и самых спорных — это голодание. До тридцати пяти лет у меня не то чтобы не было опыта голодания, я даже не задумывался о нем как о средстве похудения. Единственная вещь, которая меня всегда удивляла: почему животные во время болезни отказываются от еды. Мне казалось, что пища, наоборот, дает силы, энергию, а жившие у нас на даче собаки, отравившись или заболев чем-то, по неделе воротили нос от самых вкусных яств, которые мы в детстве таскали им с общего стола, и через какое-то время выздоравливали. Потом я в принципе понял идею голодания: это своего рода детоксикация организма, проводимая естественным способом. А уже в 1991 году я прочитал книгу Поля Брэгга «Чудо голодания», в которой он описывал чудесные случаи излечения граждан Соединенных Штатов от различных хворей. Описания были более чем впечатляющие. Судя по книге, автору удавалось вылечивать самые тяжкие заболевания, которыми страдает человечество, причем без особых усилий: попил себе недельки две-три дистиллированную водичку — и здоров! Именно «чудесность» всего описанного Полем Брэггом и насторожила меня — в чудеса я не особенно верил. Поэтому книжка эта хоть и заняла почетное место среди имевшейся у меня литературы, но не стала руководством к действию.

Интересно было и изучить статистику рекордов голодания. Я засел в Библиотеке иностранной литературы и выяснил, что, оказывается, в двадцатом веке было достаточно много людей, которые сделали публичное голодание своим бизнесом. Были те, кто голодал и сорок пять, и пятьдесят, и шестьдесят дней. Но рекорд, как утверждалось в одной из статей, установил в 1969 году бразильский факир Аделину Да Сильва, который проголодал сто одиннадцать дней!

А на голодание меня «подсадил» отнюдь не Поль Брэгг, а простой официант из ресторана «Пекин» Володя Тихонов. Мы были с ним знакомы еще с начала восьмидесятых годов, но до некоторого времени наши отношения ограничивались схемой «съел — заплатил». Взаимная симпатия у нас возникла по двум причинам. Во-первых, Володя всегда честно рекомендовал, что не нужно заказывать в тот или иной день и не был склонен к мелкому жульничеству, свойственному официантам вообще, за что и получал от меня щедрые чаевые, а во-вторых, он был большим человеком. Ну, конечно, не таким большим, как я, но тоже крупным, килограммов эдак сто сорок. От чего и страдал. Неписаные ресторанные правила требуют, чтобы официант был шустрым, аккуратно одетым и не привлекающим излишнего внимания. Когда же в зал чинно и вальяжно вплывал (иного слова не подберешь) Володя, наряженный в специально сшитый для него (таких размеров в продаже не было) смокинг, белоснежную рубашку с галстуком-бабочкой и брюки с шелковыми лампасами, признать его за официанта несведущему человеку было крайне трудно. Ну, оперный певец забежал покушать китайских пельменей, или кинорежиссер какой прибыл прямо с фестивального банкета, где не успел наесться-напиться вдоволь. Какому-нибудь изможденному мелкому официантику рука сама тянулась дать денег, хотя бы для того, чтобы отъелся, а солидный Володя производил впечатление человека, у которого уже и так все есть. И щедрые чаевые получал он только от тех, кто знал его лично. От чего страдал вдвойне. Если бы не его жена Лида, работавшая там же в «Пекине» администратором, он, наверное, бросил бы все к чертовой матери, но творческий тандем обязывал его продолжать нелегкий труд. Я заметил, что пару раз Володя куда-то пропадал на месяц примерно, а потом возвращался изрядно похудевшим, с замечательным цветом лица и удвоившейся подвижностью. А когда я поинтересовался причинами столь разительных перемен, он под большим секретом рассказал мне, что на три недели ложился в больницу и голодал. Мне, как человеку пытливому, стало интересно, как можно выжить, употребляя три недели одну только воду, и я попросил своего товарища по несчастью (или по счастью) поведать мне детали замечательного метода, избавляющего от жировых отложений. Вот так я и узнал про московскую больницу № 68, в которой тогда (дело было в 1991 году) работал старенький, но бодрый основатель отечественной школы голодания, или как ее научно именовали — «разгрузочно-диетической терапии», профессор Юрий Сергеевич Николаев. О голодании как лечении он узнал от своего отца Сергея Дмитриевича, который переписывался в начале прошлого века с автором книги «Лечение голоданием» американским писателем Эптоном Синклером, а также дружил со Львом Толстым. Мать Юрия Сергеевича, Лариса Дмитриевна, в свое время основала первую в России вегетарианскую столовую и являлась автором книги «100 вегетарианских блюд».

Свой метод, названный им «разгрузочно-диетическая терапия», Николаев придумал в далеком 1935 году, чтобы лечить людей от шизофрении. Он — человек наблюдательный — заметил, что если буйного шизофреника какое-то время не кормить, то он может превратиться в тихого, а затем даже испытать ремиссию. В том смысле, что некоторое время будет почти нормальным человеком. К тому же выяснилось, что голодание имеет целый ряд положительных побочных эффектов и способствует лечению множества болезней.

Но почти полтора десятилетия Николаеву приходилось лечить своих пациентов практически «подпольно». Лишь в 1948 году он получил разрешение на использование своего метода в одном отдель-

1999 год. Я – вице-президент Хоккейного клуба МГУ. Вес около 200 кг

но взятом медицинском учреждении — Психиатрической клинике им. Корсакова Первого Московского медицинского института. И тогда же Николаев обобщил свои идеи в первой книге о разгрузочно-диетической терапии. Но его метод остался бы малоизвестным и ограниченно используемым, если бы не алкоголики. Да-да, именно так. Супруга Юрия Сергеевича занималась реабилитацией людей, страдающих этим распространенным в нашей стране недугом. И использовала метод Николаева. А одним из ее пациентов в пятидесятых был сын почти всесильного маршала, министра обороны, а потом и главы правительства СССР, члена политбюро ЦК КПСС Николая Булганина — Лев Николаевич. Супруга Николаева столь успешно лечила этого гражданина, что в результате «разгрузочно-диетическая терапия по Николаеву» была рекомендована Минздравом как метод лечения ряда заболеваний. Путь вперед был открыт! И метод не запрещали, хотя сам Булганин-старший уже в 1957 году попал в опалу и был «сослан» возглавлять Госбанк.

Своего собственного отделения у Николаева не было довольно долго. И это несмотря на то, что он в 1960 году стал доктором медицинских наук, а вышедшая в 1973 году его книга (в соавторстве с Е. И. Ниловым) под названием «Голодание ради здоровья» разошлась тиражом в двести тысяч экземпляров. Лишь 1 марта 1981 года, когда самому Николаеву было семьдесят пять лет, в 68-й городской клинической больнице было открыто отделение разгрузочно-диетической терапии. Туда часто укладывали на лечение высокопоставленных больных. И они выздоравливали. Кто-то терял килограммы, другие справлялись с астмой, радикулитом, даже сердечными и легочными заболеваниями. Когда я лежал там (меня осматривал и сам создатель метода), то насмотрелся всякого. Кто-то может назвать это чудесами. Но я лично видел людей, которые страдали бронхиальной астмой и не могли нескольких часов прожить без ингалятора, а после трехнедельного курса ограничивались таблетками, а то и вовсе отказывались от лекарств. Правда, эффект был не всегда очень длительным — от нескольких месяцев до года, но, поверьте, несколько месяцев нормальной жизни для тяжело больного человека — это очень много. А еще там лечили ишемическую болезнь сердца, гипертонию, мигрень, сахарный диабет, атеросклероз сосудов головного мозга, облитерирующий эндартериит, вегетососудистую дистонию, артрозы и артриты обменного характера, остеохондроз позвоночника, хронические гастриты и колиты, хронический холецистит, пиелонефрит, панкреатит, даже болезнь Бехтерева... Но о практике лечения — немного позже.

В общем, закончилось все тем, что я, набравший к тому времени уже около ста семидесяти килограммов живого веса (а он мешал моей активной журналистской работе), повелся на уговоры Володи «полечиться вместе». Письмо с работы, флакон духов даме-доктору, которая организовала наше зачисление в больные, — и мы стали обитателями четырехместной палаты в отделении разгрузочно-диетической терапии 68-й городской клинической больницы Москвы. Вместе с нами лежал еще один «толстенький» (так нас ласково именовал медперсонал) — Володя Тельнов, работавший водителем и не вмещавшийся за руль, и один «нормальный». Звали его, по совпадению, тоже Володя, был он совершенно обычной комплекции, но его привезли к нам в инвалидном кресле. Ходил он с трудом, а нагнуться для него вообще было проблемой. Выяснилось, что у этого тридцатипятилетнего мужчины — остеохондроз в запущенной форме. Каково же было наше удивление, когда он на третий день начал самостоятельно передвигаться, на седьмой — стал вместе с нами ходить гулять в парк, а к концу срока проходил по десять-двенадцать километров в день и, нагибаясь, доставал пол ладонями. Возможно, у него была какая-то форма остеохондроза, особенно подверженная излечению голодом. Но то, что я видел, впечатляло.

Кстати, попасть в это отделение, чтобы лечиться от ожирения, было крайне сложно. Для этого нужно было иметь целый «букет» сопутствующих заболеваний либо направление Минздрава. Но сам Николаев, как основатель отделения, имел право выбора больных. Он

Это я в Венеции. 2008 год. Почти максимум – 215 кг

рассказывал нам, как в свое время к нему привели двух братьев не-
виданных в те времена размеров. Старший, которому было двадцать
два года, весил двести одиннадцать килограммов, а младший, шест-
надцатилетний — сто семьдесят четыре. Николаев провел с ними по
девять курсов разгрузочно-диетической терапии и достиг положительных результатов. Старший сбросил восемьдесят шесть килограммов, младший — семьдесят. Оба они, бывшие инвалидами 2-й группы по ожирению, были переведены в 3-ю, самую низшую группу, а
потом вообще вышли из «инвалидной» категории. И, главное, сумели сохранить новый вес и работоспособность.

А вот молодым женщинам, набравшим вес после родов либо просто
растолстевшим, как правило, вообще отказывали. Это, как говорил профессор, «пустая трата времени, сил и казенных денег». Похудев, девуш-
52 ки и не думали продолжать ограничивать себя в питании и отъедались,

набирая больше килограммов, чем скинули. Так что ради кратковременного эффекта, считал Юрий Сергеевич, голодать вообще не стоит.

Метод профессора Николаева прост до безобразия, но при этом весьма действен. У него есть три отличия от классического голодания «по Брэггу». Во-первых, Николаев, как истинный советский гражданин, ратующий за экономию государственных средств и удешевление метода, заявил, что пить дистиллированную воду, как это призывал его американский коллега, — баловство и расточительность. В отделении разгрузочно-диетической терапии стояли огромные чайники и «титаны» с тепловатой кипяченой водой. Ее-то все и пили. Во-вторых, Брэгг призывал во время голодания больше отдыхать, лежать в постели и думать о вечном. Николаев же заставлял всех пациентов ходить, причем чем больше, тем лучше. А в одной из своих книг даже привел пример, как пациенты его отделения, увидев, что рабочие не справляются с ремонтом трамвайных путей, с кувалдами и ломами вышли им помогать. Вот она — суть социалистического метода голодания: не валяться в постели, а трудиться на благо общества! И третье: Брэгг почему-то был против очищения кишечника слабительным и клизмами. А Николаев все это использовал. Кстати, весьма успешно.

Голодание «по Николаеву» начинается с того, что ты, нормально позавтракав дома последний раз, приезжаешь в больницу. Оформление, получение белья и необходимых аксессуаров, краткая лекция о курсе лечения, а потом, часика эдак в три, дают тебе выпить стакан концентрированного раствора слабительного — сульфата магния. После этого, понятное дело, унитаз становится на время твоим ближайшим другом. Во всяком случае, до вечера. Вместо обеда и ужина — теплая кипяченая водичка. Главное в методе — вода и клизмы. Клизму, так называемую «кружку Эсмарха» (такой резиновый мешок красного или синего цвета с выходящим из него шлангом) каждый должен был привезти с собой. К ней в аптеке прилагалась довольно сложная система из пластикового кончика и краника, которые сле-

53

довало присоединять к шлангу. Но умные и человеколюбивые докто-ра вместо пластикового выдавали стеклянный наконечник, правда, без краника. Очень гуманно, поскольку толкать себе, извиняюсь, в известное отверстие необработанный шершавый пластик — удовольствие на любителя.

Следующий день, как и все будущие три недели, начинался с того, что после обязательного измерения пульса, температуры и давления, народ по очереди направлялся в туалет для «самостоятельных процедур». Заведение было достаточно обширным, и в нем даже стояла скамья, на которую можно было прилечь. На стене висели штук десять клизм с пометками или фамилиями, чтобы не перепутать. Ну а дальше все было просто...

Сам Юрий Сергеевич Николаев говорил нам, что примерно три-четыре дня у нас будет длиться стадия так называемого пищевого возбуждения. Нас должны были раздражать любые сигналы, исходящие от пищи: ее запах (а в отделении еще и готовили для тех, кто выходил из голодания), вид, даже звон столовой посуды. У нас должен был ухудшаться сон, что, собственно, и последовало; иногда урчало в животе, или, как говорят, «сосало под ложечкой». В общем, хотелось есть, и это раздражало. Зато сбрасывали мы по килограм-му-полтора в сутки. И это немного успокаивало — не зря страдаем!

Физическое желание что-нибудь поесть сохранялось у меня примерно три дня. Потом неприятные ощущения в животе пропали, и казалось, что оно, собственно, так и нужно — пить воду и все. Профессор Николаев предупредил нас, что может начаться стадия нарастающего ацидоза. Он говорил, чтобы нас не пугала общая заторможенность, налет на языке, слизь на зубах, запах ацетона изо рта и некоторые другие неприятные явления. Все это до седьмого-десятого дня голодания считалось в порядке вещей и было изучено врачами за долгие годы практики.

Физически-то есть не хотелось, но вот воспоминания о еде волновали нас. Сразу вспомнил классический анекдот: «Врач спрашивает: «Больной, скажите, вас мучают эротические сны?» Тот отвечает: «Доктор, ну почему же мучают?» Человек тем и отличается от животного, что, кроме физической потребности, у него есть еще потребность психологическая. Тут и начинались моральные страдания. К примеру, лежим мы вечером у себя в палате, готовимся ко сну. И тут Володя Тельнов говорит: «А у меня жена такие шкварки готовит, язык проглотить можно...» Соседи присоединяются: «Гусиные или свиные? Подсушенные или жирновлажные? С вареной картошкой или жареной?» Ну, и начинаются «охотничьи рассказы» о том, кто, что и когда ел вкусненькое. Тот же наш коллега Володя Тельнов буквально через день рассказывал нам о том, что самые вкусные пельмени в Москве — в пельменной на Большой Ордынке. И не успокоился, пока не взял с нас слово по окончании голодания и выхода из него совместно посетить это заведение. Самое интересное, что через месяц после выхода нашей четверки из больницы мы и впрямь собрались в этой пельменной! Заказали по двойной порции пельменей. Съели. Пельмени оказались самыми обычными. Неплохими, конечно, но «в пределах нормы». Во всяком случае, с китайскими из «Пекина», которые так любили мы с официантом Володей, их было не сравнить. Но вот ведь психология человека: нашему другу в больнице эти пельмени казались деликатесом, а воспоминания о них и предвкушение встречи грели ему душу.

Время «до обеда» (пишу в кавычках, поскольку пол-литра воды обедом назвать трудно) было занято медицинскими процедурами. Они включали в себя душ Шарко, циркулярный душ (это когда ты стоишь внутри специальной трубочной конструкции, а тебя со всех сторон поливают водой под давлением, которая бьет из дырочек, в этих самых трубках и проверченных) и массаж. Массировали почему-то только верхнюю половину тела, причем со спины. А жировые отложения нужно было как-то сбрасывать самим. Еще брали всякие анализы, чтобы, не дай бог, чего-то экстремального не пропустить, а также заставляли высовывать язык. Язык на третий день у меня покрылся каким-то желтовато-серым налетом. Осматривавший нас профессор Николаев, глядя на него, удовлетворенно говорил: «Работает язычок-то, работает!» Оказалось, что этот налет был чем-то вроде индикатора. Через неделю-другую он становился менее плотным и безобразным, а в конце срока язык вообще был розовый, как у младенца.

«Послеобеденное» время начиналось с того, что мы шли в расположенный рядом с больницей Кузьминский лесопарк и гуляли. Скажу честно, в первый день я с трудом осилил километр. А затем постепенно появилась некоторая легкость. Сначала прошел два, потом три, потом пять... К концу срока я даже установил личный рекорд — за два часа преодолел ровно двенадцать километров (и это зимой по снегу)! Были во время прогулок и забавные ситуации. Например, я иногда предпочитал гулять не в парке, а просто по улицам. Примерно через две недели полного голодания я прошелся до метро «Кузьминки» и неожиданно для себя обнаружил, что держу в руке аппетитный пирожок с мясом. Как он ко мне попал, я не помнил, скорее всего, я бессознательно купил его где-то в киоске и долго нес. Зачем? Трудно сказать, но как только я его заметил, сразу же отдал первой попавшейся бродячей собаке, поскольку понимал, что в ином случае серьезного конфликта с желудком и прекращения курса мне не миновать. Кстати, все мифы о том, что голодание под наблюдением медиков может принести здоровью непоправимый вред, не имеют под собой никакой основы и распространяются конкурентами-диетологами. На самом деле, из почти пяти тысяч больных, прошедших через отделение разгрузочно-диетической терапии больницы № 68, за 1981–1991 годы умерли всего несколько человек, в основном от тяжелых сопутствующих заболеваний. Лишь одна пациентка в начале восьмидесятых погибла, объевшись пельменей по возвращении домой. У нее произошел так называемый заворот кишок.

Я же переносил голодание довольно легко. Даже кризис (он научно именуется «ацидотический криз»), который бывает у всех на восьмой-одиннадцатый день голода, обошел меня стороной. Ни запаха ацетона изо рта, ни слабости... Скорее всего общее физическое здоровье и спортивная подготовка позволили моему организму пройти вторую — самую сложную стадию, довольно легко. А ребята, конечно, мучились. У Володи Тельнова прыгало давление, а Тихонов впал в легкую депрессию и два дня не выходил из здания, хотя врачи заставляли его ходить внутри. Просто выгоняли из палаты и все. Последние десять дней голодания (Николаев называл это стадией компенсации, или выравнивания) проходили вообще замечательно. Ощущался прилив сил, давление стабилизировалось, даже у сердечников, работа сердца улучшалась — нам это показывали на наших же кардиограммах. А сигналом к тому, что пора заканчивать голодание, было появление сильного аппетита и окончательная очистка языка от налета. В общем, вышел я из больницы преображенным, похудевшим за три недели со ста шестидесяти девяти до ста сорока четырех килограммов.

Потом, борясь с диареей, я еще две недели выходил из голодания, сначала с помощью разбавленных соков, затем натуральных. Интересно было наблюдать за своим организмом: вроде бы жутко хочется есть, а выпил сто граммов сока, разбавленного водой, и чувствуешь, что абсолютно сыт. Но проходит полчаса, и ты снова обретаешь «волчий аппетит». Выпиваешь сто граммов — и снова насыщение. Юрий Сергеевич Николаев, инструктируя нас (а мы с Володей Тихоновым решили, что у нас хватит сил и возможностей, чтобы выйти из голодания дома), говорил, что стул (а его, понятное дело, не было довольно долго), восстановится со второго-третьего дня питания. У меня лично — с четвертого. Ну а далее пошли овощные салаты, вареные и тушеные овощи, протертое куриное мясо, яйца и прочее. Общее ощущение было такое: обретение потерянной свободы. Я стал ходить в те магазины, которые из-за расстояний мне были недоступны. Для меня теперь не было проблемой отстоять пару часов на митинге, запи-

57

сывая выступления ораторов. Январь я провел в восстановительном режиме.

Я внял и еще одному важному предупреждению Николаева. Он считал свою разгрузочно-диетическую терапию не методом похудения, а способом лечения, и говорил, что после третьего-четвертого дня вес начнет возвращаться теми же темпами, что и уходил. Поэтому я практически сразу сел на довольно жесткую диету и через десять дней приступил к интенсивным хоккейным тренировкам, которые забросил почти два года тому назад. И как здорово все пошло! Летом в Лужниках я даже устроил феерическое шоу «Непробиваемый вратарь». Читатели «Московского комсомольца» выходили на лед катка «Кристалл» и бросали мне штрафные броски — буллиты. Из двадцати пяти выходов один на один я пропустил лишь два, о чем свидетельствует сохранившаяся запись телетрансляции. А потом команда, в которую входили мои соратники по разным клубам Володя Крутов, Иван Авдеев, Сергей Гимаев, Борис Александров, Владимир Лаврентьев и другие, играла против сборной ветеранов СССР с тройкой братья Голиковы — Мальцев во главе. Основное время закончилось вничью — 3 : 3, а в серии послематчевых буллитов я пропустил лишь шайбу от спартаковского защитника Куликова. Мой же оппонент Саша Павлов целых три раза выгреб шайбу из своих ворот.

Скажу более, голодание оказало на меня мощное оздоровительное воздействие. Несмотря на полное отсутствие диеты, постоянные стрессы (взять хотя бы август 1991 года, когда мы метались от Белого дома к Новоарбатскому тоннелю, чтобы описать происходящее) и очередной перерыв в тренировках (Хоккейный клуб МГУ, с которым я тогда тренировался, был на время ликвидирован), за три года я ни разу ничем не болел. Даже обычным гриппом или простудой. Вес же возвращался медленно, но верно, и к 1994 году я снова весил сто шестьдесят восемь килограммов. Но при этом сохранял подвижность и практически не обращался к врачам. Так что о голодании могу сказать только хорошее. Иногда и сейчас его практикую, когда нужно сдвинуть потерю веса с «мертвой точки», но это голодание от двадцати четырех до семидесяти двух часов, которое переносится легко, если привыкнуть, конечно. Я хочу порекомендовать читателям, которых заинтересует этот метод, предельно внимательно изучить по имеющейся медицинской литературе его особенности и ни в коем случае не нарушать правил. Если один–три дня можно без проблем голодать дома, то голодание больше недели лучше проводить в стационаре под наблюдением врачей, благо сейчас найти и больницу, где практикуют этот метод, и специалистов — не проблема.

Вообще, в советские времена вопросами похудения занимались различные научно-исследовательские институты, например Институт питания АМН СССР, ЦНИИ курортологии и физиотерапии, Клиника неврозов, некоторые медицинские учреждения эндокринологического профиля. И достигали в этом определенных успехов. В некоторых практиковалось лечебное голодание, разгрузочно-диетическая терапия, а другие просто запирали пациентов (обычно на три недели) и сажали на ту или иную жесткую диету. Даже упорядочение образа жизни, вкупе с ограничением питания, приносили результаты. Но как только человек возвращался домой, к привычному образу жизни, его сложившиеся десятилетиями пищевые привычки брали верх над эпизодическим вмешательством извне.

По этому поводу я вспоминаю свою учительницу русского языка и литературы Нину Александровну Берман, в шестидесятые-семидесятые годы — репетитора номер один в Москве. (На вступительном экзамене в МГУ, к примеру, можно было лишь обмолвиться, что ты занимался у Нины Александровны, — и пятерка была обеспечена.)

Была она женщиной немолодой, очень большой, но буквально источала оптимизм. И время от времени «худела». Сбросив в каком-нибудь санатории ЦК килограммов пять, она возвращалась к работе, чтобы набрать их в ближайшие две недели. Как-то раз она посадила меня на кухне своей квартиры (в двух комнатах занимались другие абитуриенты) и сказала: «Лешка, мне тут привезли новый хлеб, называется «Барвихинский». На нем все политбюро худеет. — Она достала «кирпичик» тогда еще невиданного диетического хлеба с отрубями. — А теперь и мы с тобой худеть будем». И отрезала два огромных ломтя, намазала их толстым слоем масла, а сверху уложила на каждый по куску воронежского окорока, весом граммов в сто пятьдесят. «Вот так они в ЦК и худеют, — сказала Нина Александровна, — давай быстро ешь и пиши сочинение».

А ведь Нина Александровна Берман, как сказали бы сейчас, пользовалась услугами ведущих диетологов страны...

Многие звезды советской эстрады тоже пользовались услугами отечественных медицинских учреждений для похудения. Александр Стефанович, бывший муж Аллы Пугачевой, которая в те времена еще не была Примадонной и Живой Легендой, но все равно считалась первой на музыкальном Олимпе, рассказывал, как она решала свои проблемы с весом. «Как только наступал период подготовки к каким-нибудь съемкам, Алла отправлялась в Центральный научно-исследовательский институт курортологии и физиотерапии, располагавшийся на улице Чайковского (сейчас это Новинский бульвар). В этом институте еще в 1952 году было открыто отделение лечебного голодания. Там ее на срок от одной до трех недель сажали на строжайшую диету, а то и на голод, исключали алкоголь, запрещали ку-

По традиции дам несколько советов:

1. **Внимательно перечитайте то, что написано выше.**
2. **Прежде чем решиться на такое радикальное средство похудения и оздоровления организма, как голодание, тщательно изучите всю литературу по проблеме.**

рить, к тому же заставляли регулярно делать гимнастику, гулять, принимать сеансы массажа и водные процедуры. Поскольку женщиной она была молодой и активной, ни о каких там липосакциях или хирургических вмешательствах в те времена речи не шло. Возвращалась она легкой, подвижной, красивой и отправлялась на съемки. А как только они заканчивались, начинала снова «отъедаться». До следующего предложения...»

3. Если вы уже решили, что будете практиковать голодание, рекомендую вам не начинать сразу длительный курс. Попробуйте не есть сутки, потом сорок восемь часов, потом семьдесят два. При нормальной переносимости можно задумываться о длительном голодании.

4. Настоящий эффект принесет только голодание сроком не менее двадцати одного дня. Это связано с тем, что организм перестраивается на «внутреннее питание» примерно через десять дней. А потом уже «съедает» самые маловажные для него запасы, в том числе и жировые.

5. У голодания много противопоказаний. Обязательно посоветуйтесь с врачом, прежде чем начинать этот процесс.

6. Любое голодание длительностью больше недели должно проводиться в стационаре! Только врачебное наблюдение может гарантировать вам успех лечения и его безопасность.

7. Заранее выберите для себя лечебное учреждение, в котором будете проходить курс. Встретьтесь с врачами, посмотрите отзывы о больнице, и лишь потом принимайте решение.

8. Не старайтесь быстро выходить из голодания. Каждое нарушение предписанного режима будет чревато сильными болями в желудке и диареей.

9. Даже при краткосрочном голодании не забывайте о физических нагрузках и восстановительных процедурах (душ, ванна, массаж).

10. Самое главное при голодании — психологический настрой. Если вы чувствуете, что можете «сорваться», воспользуйтесь услугами психолога.

ЧАСТЬ ВТОРАЯ
Дневники звезд

КОРНЕЛИЯ МАНГО. СОЛНЕЧНАЯ ДЕВУШКА

Здоровье у нас не железное, и даже в двадцать четыре года стоит задумываться о том, что будет дальше.

Взяв с полки тот или иной продукт, нужно обязательно узнать его полный состав, определить натуральность, пищевую и энергетическую ценность и срок хранения. Ведь от всех этих параметров зависит то, как этот продукт будет усваиваться организмом. Мы же привыкли верить рекламе или своему вкусу, который может оказаться не самым лучшим советчиком. Поэтому и покупаем всякую мерзость...

Если, например, на отдыхе, в ресторане, где есть шведский стол, хочется весь десерт попробовать, можно положить все яства на одну большую тарелку и отведать всего по чуть-чуть, чтобы понять, какой вкус у каждого пирожного. А не объедаться каждым пирожным, съедая по двадцать штук и удивляясь, откуда это лишний вес появляется.

При работе над проектом «Худеем со звездами!», как я уже отмечал, у нас в редакции возникла идея — к двум мужчинам добавить известную и, главное, подходящую по всем параметрам женщину.

65

ПОХУДЕЙ СО ЗВЕЗДАМИ

А параметры эти были достаточно строгими. Первое, что требовалось от кандидаток, — это, конечно, соответствующий размер и вес. В зависимости от роста мы установили минимальную планку — в девяносто килограммов. Но больших женщин у нас в стране — хоть отбавляй, а известных и популярных — единицы. Все почему-то стремятся к шаблонным стандартам фигуры, а уж если постоянно «светятся» на ТВ, в прессе и на публичных мероприятиях, то особенно. Так что выбор у нас был невелик. Среди актрис фигурировали Наталья Крачковская, Марина Голуб, Мария Аронова. В шоу-бизнесе — Лолита Милявская, Татьяна Тарасова, Руслана Писанка (она хоть и живет в Киеве, но для «Комсомолки» организовать общение с ней не было бы проблемой). Из бизнес-леди никого брать не хотелось. Во-первых, они не очень любят известность, во-вторых, в большинстве своем уже похудели. Кто-то предложил Елену Батурину, но идея была признана нереальной. А еще кандидатка должна была великолеп-

Корнелия Манго с мамой и бабушкой

но выглядеть, чтобы фотографии в полосе, посвященной проекту, сразу привлекали внимание.

Наталья Крачковская, к сожалению, не проходила по состоянию здоровья, Татьяна Тарасова — потому, что худела там же, где и наш участник Николай Басков — в Центре эстетической медицины Маргариты Королевой. У Лолиты были семейные проблемы. Марина Голуб работала в одном театре с уже утвержденным участником проекта Сашей Семчевым, да и худеть она особенно не хотела. И тут заместитель главного редактора Лена Дуда говорит: «А не замахнуться ли нам, товарищи, на Корнелию, нашу, Манго? Она и молодая, и красивая, и большая, и поет, и танцует... И похудеть наверняка хочет!»

В общем, выбор был сделан. Я созвонился с помощницей Корнелии, потом с ней самой, и мы, наверное, полчаса проболтали по телефону о том, каким будет ее участие в проекте. Хотя согласие она дала в первые две минуты разговора.

Вы не верите, что Корнелия может быть маленькой?
Вот доказательство: она на руках у папы

67

ПОХУДЕЙ СО ЗВЕЗДАМИ

Вообще-то материалов о Корнелии Манго я нашел не так много. Основные вехи ее совсем небольшой биографии, отчеты об участии в популярных телешоу — «Фабрика звезд», «Последний герой», «Большие гонки», «Жестокие игры» и прочих. Еще была статья из какого-то небольшого американского музыкального журнала о том, как она выступала в Америке. Автор считал, что поет она очень здорово и могла бы зарабатывать себе на жизнь в Штатах. Конечно, не как звезда первой величины, но все-таки... Из недостатков назывался не очень хороший английский, хотя автор тут же поправлялся и отмечал, что и местные звезды иногда говорят и поют на таких диалектах и с таким слэнгом, что их и понять-то трудно. Информации не хватало, и я решил посмотреть на эту самую Корнелию, побеседовать с ней, выяснить, что она может делать, что у нее получается, а что — не очень. Я предложил ей встретиться в фитнес-центре. Корнелия сообщила, что у нее есть карточка клуба Dr. Loder на Страстном бульваре, и мы с фотографом-видеооператором Милой Стриж, специализирующейся на съемках звезд шоу-бизнеса, отправились в условленное место.

Ждать Корнелию нам не пришлось, да и увидели мы ее, конечно, сразу — смешно было бы не заметить чернокожую девушку весом около центнера. Немного пообщавшись перед тренировкой, мы отправили певицу в раздевалку, откуда минут через десять она появилась в ярко-красном спортивном костюме, с полотенцем на шее и телефоном в руках.

Фигура у нее действительно весьма заметная, но, учитывая рост в сто семьдесят пять сантиметров, она выглядела скорее не полной, а мощной. А когда Корнелия отправилась показывать, что может делать на тренажерах, стало ясно: мы имеем дело с почти профессионально тренированной спортсменкой. Во-первых, она совершенно правильно разминалась, постепенно разогревая мышцы, чего у дилетантов не встретишь. А на степпере и беговой дорожке выглядела совершенно естественно. Никакой одышки, никаких сбоев, неправильной постановки стопы, спина не сгорблена, — в общем, испытание прошла на пятерку. На силовых тренажерах она работала еще лучше. Спокойно толкала ногами вверх сорокакилограммовый груз, успевая при этом болтать по телефону, с немалым весом «качала» плечи и спину, а потом, устроившись на специальной доске под углом градусов в тридцать, осуществляла то, что у спортсменов именуется «подъемом туловища из положения лежа», а в быту мы называем «качанием пресса». Так вот, Корнелия без всяких видимых усилий пятнадцать раз сделала упражнение в простом варианте, а потом столько же со скручиванием, то есть одновременным поворотом тела то в одну, то в другую сторону. Скажу честно, это не каждому мужчине по силам. Так что своей новой подопечной в тренажерном зале я остался доволен.

Затем Корнелия отправилась в бассейн, чтобы продемонстрировать, как она занимается аквааэробикой и плаванием. Здесь, когда она появилась в купальнике, стали видны ее основные «проблемные зоны». Это, конечно, нижняя часть туловища — от живота и до колен. Руки, плечи были отлично сформированы и натренированы, даже талия присутствовала. А вот ниже как раз и скрывались «резервы для дальнейшей работы». Но в воде певица чувствовала себя легко и уверенно. Плавала со специальными нетонущими гантелями, выпрыгивала из воды чуть ли не до колен, — в общем, показывала отличную спортивную подготовку.

Единственное, что я мог порекомендовать ей, — это некоторое

Фото перед началом проекта дает некоторое представление о реальных объемах «солнечной девушки»

время не особенно увлекаться упражнениями с отягощениями. Это отнюдь не всегда ведет к потере веса. Бывает так, что набирается мышечная масса, а жир при этом сбрасываться никак не хочет. Мышц же у девушки и так было в достатке.

В ходе проекта Корнелия работала с диетологом Михаилом Гинзбургом, училась правильно питаться во время заграничных гастролей, осваивала новые виды спорта, например виндсерфинг. Встав на доску в мае, она могла лишь балансировать под парусом. Зато в июле, во время поездки на фестиваль водных видов спорта «Русская волна» в Турцию, Корнелия за неделю полностью освоила хождение под парусом и стала кататься на доске даже на Москве-реке в Строгине.

Следующая вещь, которая меня удивила, — это умение Корнелии кататься на роликовых коньках. Я пригласил ее в Лужники, где она не только продемонстрировала, как разгоняется, поворачивает и тормозит, но и показала эсктремальные прыжки, ни разу не упав при этом. А освоила она ролики совершенно необычным способом. Приехав на гастроли в Америку и оказавшись в центре Нью-Йорка на Таймс Сквер, она вдруг поняла, что за отпущенные на осмотр достопримечательностей и шопинг два часа ничего не успеет. Поэтому отправилась в ближайший большой магазин и купила роликовые коньки и маленький рюкзачок для них. Там же надела обновку, положила туфли в рюкзак и выкатилась на улицу. Первое падение случилось через пять

Июнь 2010 года. Лужники. Сейчас Корнелия развернется и...

секунд. Певица не удержалась и рухнула вперед, сбив с ног какого-то зазевавшегося прохожего, что, правда, смягчило падение. Вылезая из-под упавшей на него дамы, он сначала было пробормотал обычное в таких случаях англоязычное ругательство из четырех букв, но рассмотрев, кто конкретно на него упал, расплылся в улыбке. А наша героиня покатила дальше. Пару раз, правда, ей пришлось выпасть на проезжую часть — уж больно неожиданно включались светофоры, а тормозить она тогда не умела. Потом приноровилась, и к концу поездки, набив себе синяков и шишек, стала уже достаточно опытным пользователем роликов. Продолжает Корнелия практику и в Москве, хотя у нас принято кататься только в специально отведенных местах: на ВДНХ, Поклонной горе, в Лужниках, а в Нью-Йорке никто не обращает абсолютно никакого внимания на людей, катящих по улице. Там люди ездят на работу (что при нью-йоркских пробках весьма практично), развозят почту, бегают для здоровья да и просто добираются, куда им нужно. Вне зависимости от возраста, кстати.

А еще я выяснил, что Корнелия умеет кататься на коньках и на льду — увлечение, необычное для девушки, выросшей на юге. Самое интересное: каталась она не на фигурных коньках, а на хоккейных! И тут мне пришла в голову замечательная идея: выпустить певицу на лед в хоккейной форме, с клюшкой и обучить азам хоккея с шайбой. Совершенно не задумываясь о сложности поставленной задачи, Корнелия согласилась. Довольно непросто было подобрать для нее подходящую форму. Но тут нам помог мой приятель — директор хоккейного магазина, расположенного совсем рядом с катком «Хрустальный» в московском районе Коньково. Он нашел для певицы щитки, налокотники, женский нагрудник (понятное дело, у мужчин и женщин эта деталь формы — разная), перчатки и шлем. Коньки у девушки были собственные, а клюшку выбрали, учитывая ее рост. Оказалось, что ей удобнее держать верхний конец клюшки левой рукой (у хоккеистов это называется «правый хват»). Так держали клюшку Вячеслав Старшинов, Владимир Петров, а из нынешних — Александр Овечкин.

ПОХУДЕЙ СО ЗВЕЗДАМИ

Услышав фамилию, мой приятель подошел к огромной стойке с клюшками, покопался в ней и выбрал «оружие». На клюшке была выштампованная надпись Ovechkin. Сегодня купить точно такую же клюшку, как у лучших игроков мира, не проблема. Фирмы-изготовители делают на этом хороший бизнес. Кстати, в действительности клюшки абсолютно идентичны тем, которыми играют «великие». Для их производства просто меняется компьютерная программа — и все.

Ради рекламы можно даже и пива налить...

Вместе с моими друзьями Володей Лелюхом — мастером спорта международного класса по фигурному катанию и Алексеем Стрелковым, в прошлом хоккеистом и тренером Хоккейного клуба МГУ, мы вывели Корнелию на лед. Каталась она без особых огрехов, но Володе пришлось с ней поработать над поворотами, разворотами и торможением. А Алексей Стрелков довольно быстро обучил Корнелию азам бросков и передач. Самое интересное — уже через полчаса она могла оторвать шайбу ото льда! В таком возрасте у многих мужчин на это могут уйти недели ежедневных тренировок. Вскоре Алексей (то ли в в шутку, то ли всерьез) заметил: «Знаешь, милая, пришла бы ты в хоккей лет десять назад, уже была бы лидером женской сборной России!»

Пообщавшись с Корнелией несколько месяцев, я, как мне кажется, понял секрет ее универсальности. Здесь мало одного прилежания, труда и упорства, хотя всего этого у нее хватает. Она на самом деле очень талантливый, прекрасно обучаемый и не боящийся ничего нового человек. Мне, к примеру, кажется, что она могла бы преуспеть во многих видах спорта, но выбрала шоу-бизнес и художественное творчество. Кстати, рисует она действительно здорово — в стиле импрессионизма. Я думаю, что если она подарит мне одну из своих картин, то мои будущие внуки, продав ее, смогут стать очень богатыми людьми. Но главным вопросом у нас все же было похудение. И мы уселись с Корнелией в ресторане Rosie O'Gradis на проспекте Мира, заказали диетическую еду (я — овощи гриль и грейпфрутовый сок, а она — салат из рукколы с креветками и холодную минералку) и заговорили о старых и новых временах. Опуская свои вопросы, я привожу здесь рассказ Корнелии в том виде, в котором записал его летом 2010 года...

«Мои родители познакомились в Астрахани во время учебы в институте под странным названием Рыбтуз (сейчас это Астраханский государственный технический университет), который специализировался на выпуске ихтиологов. Мама у меня была девушкой не из самых стеснительных и все время подначивала моего будущего папу. Увидев его, кричала: «Данато, Данато, иди-ка сюда!» А он очень боялся ее, стеснялся и убегал. Мама по национальности татарка-ногайка, а это народ очень упрямый. Если уж что-то задумает, то выполнит обязательно. Надеюсь, и мне передались некоторые ее черты и качества. Так вот, она поставила себе задачу познакомиться с этим стеснительным чернокожим гражданином. А папа всю жизнь жил в Португалии, и кровь у него смешанная: отец из Гвинеи-Бисау — бывшей португальской колонии, а мать — испанка. Вот во мне сколько экзотических кровей присутствует!

В конце концов, родители мои познакомились, полюбили друг друга и решили пожениться. Потом в апреле 1986 года на свет появилась я. Мама родила меня относительно поздно. Я думаю, что это и хорошо. Потому что я была желанным ребенком. Не было такого, что «по залету», извините, пришлось. Наоборот, меня очень хотели, долго ждали и мама, и бабушка.

Учеба в вузе подошла к концу, и вопрос встал ребром: отец должен был возвращаться в Португалию, чтобы работать на фирме, которая его посылала (собственно, для этого он и учился), а мама никак не хотела ехать с ним, боясь оставить бабушку одну. В общем, обычная жизненная ситуация. Папа на Западе, мама в СССР.

Мама и бабушка любили меня безумно, и делали все, чтобы уж в чем-чем, а в питании я никакого недостатка не испытывала. Мало того, что я грудь сосала до трех лет (что, в общем-то, и не очень плохо), но бабушка приспособилась наливать в бутылку с соской жирный протертый суп и поить меня. Мой дядя, увидев, как меня закармливают, однажды возмутился: «Что же вы делаете с ребенком?!» Но женщины быстро объяснили ему, что кормить детей — дело не мужское. Если я почему-то не хотела есть, собирался небольшой семейный совет из двух человек, который выносил не подлежащее обжалованию постановление: «Кормить!» И меня кормили так, как это **74** могут делать только любящие близкие люди. А о последствиях тогда никто не задумывался. Видимо, насмотрелись они документальных фильмов про голод в Эфиопии и Сомали, про чернокожих детишек с огромными головами и животами и ручками-спичками. И вот эта доброта и жалость вылились для меня в пищевой рай.

Понятное дело, что худышкой в такой обстановке я вырасти просто не могла. Да еще в шесть лет у меня обнаружились проблемы с

Корнелия, я и Ленин. Лето 2010 года

ПОХУДЕЙ СО ЗВЕЗДАМИ

щитовидной железой, и пришлось лечь в больницу, на курс гормонального лечения. За месяц я там поправилась на пятнадцать килограммов. Тогда мама с бабушкой устроили небольшой заговор и тайком выкрали меня из больницы. Я, правда, не закончив курс лечения, набрала еще килограммов двадцать, и стала таким бочкообразным существом. Но физических сил, выносливости и общего

Певица на фестивале «Русская волна», июль 2010 г.

здоровья у меня было, да и сейчас есть — предостаточно. В десять лет я весила восемьдесят килограммов. В дополнение ко всему, я, как все мулаты, еще и росла очень быстро. И когда у всех моих одноклассников рост был метр двадцать — метр тридцать, мой превышал полтора метра, хотя возраст был один — совсем не как в известном анекдоте: «Новый русский расспрашивает сына о его успехах в школе. Тот ему: «Мне пятерку по чтению поставили! Это потому, что я сын нового русского?» Папа отвечает: «Да, сынок». «А пятерку по арифметике тоже поэтому?» Папа: «Да, сынок». Сын: «А вот когда мы перед уроком физкультуры переодевались, все увидели, что у меня мужские достоинства больше, чем у всех. Это потому, что я сын нового русского?» Папа устало: «Идиот! Это потому, что ты учишься в третьем классе, и всем там по десять лет, а тебе — шестнадцать!» Все мои ровесники казались мне мелкими. Ну и дразнили меня, конечно, по-разному. Знаешь ведь, когда в школе ребенок носит очки, его дразнят «очкариком», когда он даже немного больше других, то «толстяком», когда у него другой цвет кожи, тоже находят обидные прозвища. А у меня было несколько таких раздражителей сразу. Очень непросто быть единственной негритянкой в городе, да еще девушкой крупных размеров. Это сейчас я понимаю, что дети обижают кого-то от неосознанной жестокости и непонимания того, что люди бывают иными, чем они. И не знают, что где-то в гвинейской глубинке они тоже бы выглядели экзотическими существами. Но в то время мне было и горько, и обидно. Правда, физическая сила давала мне возможность приложить любого, но я все-таки девочка, и такой путь решения проблемных вопросов был у меня не главным. Поэтому школу я ненавидела и, закончив учебу, кричала: «Ура! Навоевались!» Даже в одиннадцатый класс не пошла по этой причине. Со временем для меня главным стало не намерение отомстить своим обидчикам, а желание, несмотря ни на что, стать лучшей. Правда, в чем — я тогда еще не определилась. Но очень хотела, стремилась к лидерству.

ПОХУДЕЙ СО ЗВЕЗДАМИ

В том, что касалось творчества, путь для меня был открыт. Начинала я как художница. В четырнадцать лет поступила в художественную школу и, пройдя за год все классы, была принята в художественное училище. Вот там никого не волновали ни мои размеры, ни мой цвет кожи. Главное было то, как я пишу картины, как рисую. Там людей интересовали мои способности, мой внутренний мир, прежде всего. А тогда у меня был, между прочим (этого я никому еще не рассказывала), максимальный вес за всю мою жизнь — около ста десяти килограммов!

В пятнадцать лет, в очередной раз встав на весы, я увидела пугающие цифры и поняла, что не хочу быть такой большой. Может быть, чуть меньше, но не такой точно. И отправилась на курсы аэробики. Меня приняли в группу, поскольку танцевать и двигаться я умела от природы, но поставили в конец, в последний ряд. Там занимались начинающие и самые неуклюжие танцовщицы... Это настолько взволновало, взвинтило и разозлило меня, что я решила: во что бы то ни стало буду первой и стану танцевать в первом ряду. Я устроила себе совершенно безумный режим с ежедневными тренировками. Начала обращать повышенное внимание на то, что я ем. И за три недели килограммов пятнадцать с лишним сбросила. Только за счет того, что изменила отношение к еде и увеличила физические нагрузки в несколько раз. Вот это была, видимо, моя самая первая попытка похудеть. Но мотивация у меня была не только похудеть, но еще и танцевать лучше всех. И ведь получилось! Через месяц я уже работала в первой линейке, и меня ставили в пример стройным девочкам, которые никак не могли освоить основы пластики и гармоничного движения. Однажды наш тренер, уезжая на соревнования, сказала: «Корнелия, на время моего отсутствия ты заменишь меня, ты уже достаточно знаешь и умеешь!» Я заменила, получилось неплохо, а через некоторое время открыла свою школу аэробики, в которой и работала. И это несмотря на то, что вес у меня «плавал» в пределах восьмидесяти пяти — девяноста килограммов!

Набирать больше в то время я себе просто не разрешала. Юный возраст, ежедневные занятия позволяли мне сохранять вес даже при определенной предрасположенности к полноте. Никакими особыми диетами я в те времена не увлекалась, да и нужды в этом особой не испытывала. Нравилась себе такой, какая я есть. К тому же надо было кормить семью, я начала зарабатывать профессиональными танцами уже в пятнадцать лет, так что некогда было тратить время на всякое баловство (я тогда считала именно так).

В 2004 году случилось событие, которое серьезно изменило мою жизнь и предопределило будущую карьеру. Бабушка вычитала в какой-то газете, что проводится кастинг на астраханскую «Фабрику звезд». Я до этого никогда серьезно не занималась вокалом и вообще не подозревала о своих способностях в пении. Так, напевала что-то дома и все. Правда, слушала много. Мама привила мне интерес, более того, любовь к хорошей музыке. Я слушала Уитни Хьюстон, Мадонну, Элтона Джона, «Бэд Бойз Блю». А тут решила сделать такой микс: положить джазовый вокал на музыку в стиле хаус и спеть. Приехала на запись с температурой, мало что соображая, но спела, записалась и уехала в полной уверенности, что меня никто никуда не позовет. Оказалось наоборот. Я выиграла один конкурс, другой, потом стала работать певицей и танцовщицей в ночном клубе, между прочим, пользуясь повышенной популярностью. Мой вес и тут мне не мешал. Все певицы вокруг меня были какие-то штампованные: худые, высокие, но абсолютно безликие. И безголосые часто. К тому же я видела и понимала, что мужчины, глядя на меня, не испытывают отвращения, а напротив — им нравится попочка, им нравится грудь, талия. У меня ведь всегда была, да и сейчас есть талия. Я никогда не допускала каких-то свисающих боков и прочего. У меня всего много, но это все — плотное, натянутое, в общем, настоящее.

А потом моя бабуля вычитала в газете, что в Москве будет проводиться кастинг на «Фабрику звезд». Конечно, тут же начались сборы, и уже через пару дней я ехала в плацкартном вагоне поезда Астра-

ПОХУДЕЙ СО ЗВЕЗДАМИ

хань — Москва. Провожавшие меня друзья кричали: «Корнелия едет Москву покорять!»

Не скажу, чтобы город, в котором я теперь живу, встретил меня очень ласково. Из общежития, в котором я поначалу поселилась, меня выкинули, поскольку я была уж слишком заметной, и я нашла недорогую гостиницу. Взятых с собой двадцати тысяч рублей хватило

Вода – любимая стихия Корнелии. Лето 2010 г.

80

на оплату за несколько дней. Поэтому нужно было зарабатывать. Я пошла в клуб «Зона», чтобы показаться как танцовщица. Арт-менеджеру понравилось, а я говорю: «Я еще петь умею». Показала, что могу делать на сцене, и была принята на работу. За тридцатиминутный номер мне платили три тысячи рублей, чего хватало на гостиницу и еду. Для меня эти деньги были довольно большими, поскольку в Астрахани платили на порядок меньше. Опять же сыграла роль моя, скажем так, универсальность. У нас ведь как: если певица полная, она не может танцевать, да еще у нее свисает жир по бокам и, как говорится, «дребезжат» ножки. Если худая, она может танцевать, двигаться по сцене, но при этом сразу задохнется, и петь у нее не получится. Я же без проблем, несмотря на вес и объем, делала (да и делаю) и то, и другое. Опять же, я всегда носила короткие юбки, умела подчеркнуть талию и бюст, в общем, подать себя. Если есть в фигуре какие-то недостатки, их почти всегда можно скрыть тем или иным способом.

Конечно, попасть на «Фабрику звезд» — задача очень сложная. Была огромная очередь, поэтому я поставила туда свою знакомую, а сама пошла танцевать. Просто чтобы не застаиваться, как-то расслабиться. Сверху меня заметили, и съемочная группа отсняла сюжет, взяла у меня интервью. Меня тут же двинули вперед, я прошла все кастинги и попала в «волшебный мир шоу-бизнеса».

«Волшебным», конечно, этот мир выглядит только внешне. Изнутри все смотрится совсем по-другому. Тренировки, репетиции — с раннего утра до позднего вечера. В пятницу — отчетные концерты. Готовить еду и есть, в принципе, некогда. И я стала худеть. С девяноста восьми начальных килограммов я сбросила вес до девяноста одного — девяноста двух. При этом никаких специальных диет, ничего. Мало ели, мало спали, много работали.

Участницы-конкурентки, конечно, подкалывали меня, иногда даже очень зло. Были и такие люди, которым я просто не нравилась. Но когда я подошла к продюсеру Константину Меладзе с вопросом: «Не надо ли мне еще похудеть?», он ответил: «Не вздумай! Ты нужна нам такой, и никакой другой мы тебя воспринимать не сможем. Если ты похудеешь, то, вполне возможно, потеряешь свой голос. Голос ведь опирается на внутренние мышцы, а мышцы — на все остальное. Некоторые певицы, которые быстро перешли из одного веса в другой, теряли голос и становились никому не нужными». И в мой контракт были внесены цифры веса — девяносто пять (плюс-минус пять килограммов) на время работы в «Фабрике».

Первый сольный концерт Корнелии Манго в Доме Музыки в Москве

А затем у нас был девятимесячный тур по стране. Мы уехали из Москвы и только через девять месяцев вернулись. Ежедневные переезды из одного города в другой, практически ежедневные концерты — в общем, график, сравнимый с «чёсом» популярных артистов восьмидесятых. А ведь еще были танцевальные тренировки, репетиции. Через девять месяцев нас распустили, и я сразу же поехала сниматься в программе «Последний герой», в которой вес тоже особенно-то и не наберешь. Самым большим испытанием для меня стало отсутствие сладкого. Я, правда, нашла сахарный тростник и грызла его все время. Питание там было достаточно скудным.

Сама не понимаю, почему я там похудела всего на восемь килограммов. Мы там ничего не ели, нас не подкармливали. Операторы, которые ходили вокруг нас, молчали. Только когда приехали домой, я говорю: «Ребята, надо было нам хотя бы печенье подкинуть». Они отвечали: «Нас бы тогда уволили и отправили обратно в Москву». Игра есть игра. Если ты играешь, значит, по-настоящему. Странно, что я не сбросила все тридцать кило — я ведь практически ничего не ела, мы отдавали большую часть еды нашим мальчикам, потому что у них должно быть больше физических сил в конкурсах. Но это был интересный опыт, который я буду передавать своим детям, внукам, буду рассказывать, насколько я была сумасшедшая.

Вообще, мне нравится всякого рода экстрим, поэтому после «Последнего героя» я сразу отправилась на «Большие гонки», а потом в Аргентину на «Жестокие игры». Мне интересно жить, пробовать себя на прочность, и я получаю от этого удовольствие.

Но у меня в работе случился своего рода «перекос». Продюсер, с которым я тогда работала, Константин Меладзе, занимался в основном моим участием в различных телевизионных шоу, а не организацией концертов, съемок клипов, записей альбомов. В феврале мы расторгли с ним контракт, но остались в очень хороших отношениях. Он замечательный человек, очень добрый, который помог, увидел меня. Спустя два месяца я подготовила свой сольный концерт. И сейчас не собираюсь останавливаться на достигнутом, иду только вперед. Я поняла, как хорошо быть хозяйкой самой себе. Я набрала себе «команду», у меня есть директор, PR-агенты, музыканты, с которыми мы через день репетируем и готовим запись нового альбома. Со мной, и в Москве, и на гастролях, работают хорошие танцоры. А еще я собрала первый афроамериканский госпел-хор, с которым выступила в Доме музыки. Причем, совершенно неожиданно для меня, в зале был аншлаг. Так что, в свои двадцать четыре года я уже кое-чего достигла, и карьера моя плавно идет вверх.

Если возвратиться к вопросам веса, то я не могу не вспомнить гастрольную поездку по Америке и Канаде. Вот уж где-где, а в Штатах полных, толстых, жирных, в общем, всяких подобных людей — великое множество. Где-то я читала, что там якобы не принимают на работу людей с лишним весом. Думаю, тогда в этой стране никто не работал бы вообще! Из негритянского населения точно. Когда я вышла на улицу, у меня появилось странное ощущение: в России я казалась себе упитанной девушкой, а там, среди негритянских матрон, да и молодых девиц весом по сто тридцать — сто пятьдесят килограммов я была просто худышкой. Опять же, спортивного телосложения там нет ни у кого. Американские чернокожие женщины, даже если они одного веса со мной, — это расплывшиеся колоды, с трудом передвигающиеся по городу.

В общем, я, никому не известная в Нью-Йорке, сразу почувствовала себя звездой. На улице останавливались машины, все бибикали, глядя на меня, молодые люди все время подходили, чтобы познакомиться.

А в Португалии я попала на «черный пикник». И вдруг заметила, что у всех женщин, присутствовавших на мероприятии, фигуры одного типа — относительно небольшой верх, толстая попа и ноги. Это особенности гвинейского телосложения. И не одной худенькой там не было вообще! Когда я стала расспрашивать папу, почему у женщин такое сложение, он гордо ответил: «Потому, что и ты, и они —

из рода «Манеке», а в этом роду, который передается по отцу, у всех женщин большие попы!» «Спасибо, папочка», — сказала тогда я ему.

Ну вот уж в Португалии-то, где много выходцев из Африки, думала я, буду «как все». Оказывается, нет. Как только мы с моей младшей сестрой (ей пятнадцать, и она такого же сложения, как я — полная, хотя ростом чуть ниже) вышли на улицу, движение просто остановилось. Для Москвы это дикость. Разве что какой-нибудь южный гражданин на тонированной «шестерке» 1987 года выпуска остановится и крикнет: «Слюшай, дэвушка! А поедем-покатаемся!» А в Португалии остановиться, несмотря на запрещающие знаки, начать сиг-

Корнелия на «Русской волне»

налить, обращая на себя внимание, — в порядке вещей. А когда останавливается вся улица? Можно ведь транспортный коллапс вызвать! Шутка, конечно, но дело обстояло именно так.

Когда мне предложили участвовать в проекте «Комсомольской правды» «Худеем со звездами!», я согласилась практически сразу. И соображения у меня были самые что ни на есть прагматичные. В первую очередь, хотелось сбросить вес для того, чтобы лучше выглядеть и прийти в оптимальную физическую форму. У меня ведь несколько лишних килограммов, могут повредить позвоночник, скажем. Если просто ходить по улице, то никаких проблем с организмом не будет. Но если ты постоянно танцуешь, часто делаешь упражнения стоя, когда нагрузка на позвоночник максимальная, то он может и не выдержать. Второе, что меня привлекло, — это, конечно, здоровый дух соревнования. Я слежу за успехами других участников и думаю: «А я-то как, у меня какие результаты?» Особенно, конечно, поражает меня Басков. Он настолько целеустремленно занимается своим телом, что я ему по-хорошему завидую. Я знаю, что сбросить вес со ста до девяноста пяти килограммов легче, чем с восьмидесяти пяти до восьмидесяти. А ему все это удается с внешней легкостью. На самом же деле, это большая и серьезная работа. Одно из слагаемых профессионализма в нашем деле. Наконец, публичное похудение с описанием процесса в газете с трехмиллионным тиражом — это отличный пиар. И не просто пиар, это еще и обратная связь с читателями, понимание своей ответственности перед ними...

Во время проекта пришлось отказываться практически от всего вредного. Ну, не то чтобы совсем... Мой диетолог Михаил Гинзбург говорит так: «Корнелия, ты можешь себе позволить покушать то, что хочешь. Только не нужно объедаться, как ты раньше это делала». Если, например, я ехала в Турцию, я обязательно, увидев пахлаву, с горкой клала ее на тарелку и съедала все. В этот раз, когда ездила отдыхать, я поняла, что нужно поесть фруктов, потом запить водой, потом съесть рыбку с овощами, а затем уже десерт. Но если хочется весь десерт попробовать, можно положить все яства на одну большую тарелку и отведать всего по чуть-чуть, чтобы понять, какой вкус у каждого пирожного. И не объедаться каждым пирожным, съедая по двадцать штук и удивляясь, откуда это лишний вес появляется. Нужно все это делать с осторожностью. Здоровье у нас не железное, и даже в двадцать четыре года стоит задумываться о том, что будет дальше. То, что я делаю на сцене сейчас, способна делать не каждая артистка. Я пою «вживую» и танцую. Поэтому для меня просто нежелательно иметь большой лишний вес. Я очень люблю высокие каблуки — минимум тринадцать, а максимум пятнадцать сантиметров, — на которых выхожу на сцену. Поэтому хочу немного сбавить, чтобы лучше ощущать себя — танцевать, не задыхаясь, петь, как всегда, хорошо, и в то же время давать много позитива людям, которые пришли и заплатили деньги за концерт.

Когда я похудела на первые восемь килограммов, мои музыканты, которые видят меня почти каждый день, говорили: «Корнелия, в те-

«Вот такая я красавица!»

бе как будто что-то изменилось, но вот не очень понятно, что». Я их прекрасно понимаю: при моих габаритах такие перемены не очень заметны. Тем более что я не даю коже обвисать и всегда делаю комплексы упражнений, которые направлены на подтяжку возникающих проблемных зон. Сложнее всего, как выяснилось, с руками. Они худеют довольно быстро, причем мышцы остаются, а кожа над ними отвисает. Тут возникает дилемма: если качать бицепсы дальше, то руки станут чересчур атлетичными, а у певицы и танцовщицы этого быть не должно. Я же не балерина, в конце концов, да и не стриптизерша... Если же оставить все, как есть, то висящая кожа — тоже не лучший вариант. Приходится худеть очень медленно, корректировать питание и объем физических упражнений.

Очень хорошо, что «Комсомолка» помогла мне с диетологом. Михаил Моисеевич Гинзбург — большой специалист в этом деле, между прочим, директор Института диетологии и диетотерапии, доктор медицинских наук. У него, конечно, есть своя теория похудения и практические указания, которые предусматривают, например, «коктейльную» схему. Но главное — он настоящий профессионал и может правильно объяснить мне, что в моем теле происходит в то или иное время суток, как усваивается пища, какими способами можно корректировать вес.

Первое, что он сделал, придя ко мне в гости, — это произвел ревизию холодильника. Отложил на отдельную полку половину продуктов и сказал: «Это не для тебя! Ты сейчас весишь ровно сто килограммов, и если будешь продолжать питаться так, как это делаешь сейчас, то вес у тебя только увеличится. И это несмотря на любые физические упражнения!»

А затем он показал мне, как правильно готовить, чтобы витамины и клетчатка в пище сохранялись, а ненужные вещества уходили. С ним я освоила такие прежде неведомые мне устройства, как пароварка и аэрогриль. В пароварке я попробовала приготовить овощи — оказалось очень вкусно, полезно и малокалорийно. А аэрогриль — это вообще чудесный аппарат! Укладываешь туда жирный кусок мяса, и весь жир из него вытапливается. Иногда бывает, что тридцать процентов массы составляет жир — я взвешивала то, что сливается в лоток при жарке.

А еще мы с Михаилом Моисеевичем сходили в магазин. Там он научил меня читать. В смысле — читать этикетки. Взяв с полки тот или иной продукт, нужно обязательно узнать его полный состав, определить натуральность, пищевую и энергетическую ценность и срок хранения. Ведь от всех этих параметров зависит то, как этот продукт будет усваиваться организмом. Мы же привыкли верить рекламе или своему вкусу, который может оказаться не самым лучшим советчиком. Поэтому и покупаем всякую мерзость. По просьбе Гинзбурга я внимательнейшим образом изучила состав сосисок, да он еще и рассказал мне о том, каким образом и в каких условиях их делают. Думаю, что после этого я не скоро смогу вернуться к ним и подобной им пище. Впрочем, участие в проекте заставило меня задуматься: а надо ли это делать в принципе?

Как и у многих творческих людей, у меня огромная проблема со сном. Я абсолютно «ночной» человек, и ложиться в полночь для меня — экзотика. Обычно ложусь в три-четыре часа, иногда вообще утром... Но при таком режиме, как выяснилось из беседы с моим диетологом, похудеть гораздо труднее. Во-первых, хочешь ты или нет, а ночью где-нибудь да съешь что-то ненужное. Во-вторых, гормон, отвечающий за усвоение жира, нормально работает только в первой половине ночи — то есть с десяти вечера до часа ночи. А у меня с режимом до сих пор большие-большие проблемы.

Еще ведущий проекта и его участники дали мне множество полезных советов по питанию в общественных местах и особенно за границей. У нас ведь как? Россиянин попадает в систему «все включено» и начинает метать в себя это «все». Обедает, ужинает по три раза в день. И за две недели становится на десять килограммов больше. Я хоть и ограничивала себя в еде, но все равно набирала

89

вес. Поэтому при возможности отказываюсь от системы «все включено», предпочитая заказывать себе ту еду, которую считаю нужной и полезной. А если не получается, то устанавливаю для себя график питания: в одиннадцать завтракаю, в час пью сок, в три обедаю, в пять ем фрукты, в семь ужинаю. И стараюсь придерживаться такого графика каждый день...

Конечно же, у меня, как и у всякой большой девушки в России, есть проблемы с одеждой. Мама для меня шьет очень красивые

платья. Но мне нравится одеваться и в готовую одежду, покупать что-то в магазинах. Чаще всего это происходит, к сожалению, не в России, потому что здесь размерный ряд маленький, да и выбор неважный. Даже если есть что-то для больших людей, то это уродливое, страшное и серого либо черного цвета. Как будто все полные люди хотят ходить в темном.

Поэтому сейчас я занимаюсь своей первой коллекцией джинсов — для девушек с нестандартной фигурой — полными бедрами и очень узкой талией. Обычная практика — когда человеку что-то не нравится, а есть возможность свой творческий талант применить, — создать это что-то с нуля. Как в свое время Алла Борисовна Пугачева создавала коллекцию обуви? Просто к

И пусть худышки попробуют повторить этот трюк!

ее ноге не подходила та обувь, которую можно было купить в магазинах. И человек от безысходности решил придумать что-нибудь свое, свою колодку для такой ноги, как у нее, проблемной. И если в нашей стране есть девушки с пышными формами, то почему бы не придумать для них отдельную коллекцию? Для начала я решила украсить джинсы бижутерией собственного изготовления.

Я часто ношу то, что делаю сама — красивые сережки, кольца и все остальное. И безумно это люблю. Во-первых, меня это успокаивает, во-вторых, это очень красиво на мне смотрится. И такого нет у других девочек. И когда у меня спрашивают: от кого у вас платье или туфли, сережки, я говорю: от меня. Бижутерию делаю я, платья нередко по моему эскизу шьет моя мама или конструирует Алик — человек, который занимается концертными вещами, одеждой, в которой я выступаю.

Но все-таки иногда я мечтаю прийти в обычный магазин, а не в тот, где продаются вещи «для больших», присмотреть себе именно то, что мне нравится, а не то, что налезает, а потом купить это. Я ведь все-таки женщина, а для нас качественный шопинг — тоже важная мотивация. И, скорее всего, я этого достигну. Ведь стала, несмотря на сложные стартовые условия, какой-никакой, а звездочкой на небосклоне шоу-бизнеса. Может быть, это с моей стороны нескромно, но я ведь и не говорю, что я — скромница!»

Корнелия — удивительно талантливый и оптимистически настроенный человек. Но она еще очень молода. А молодости свойственны различные опыты, которые не всегда оказываются положительными. Как говорят в народе: «Если бы молодость знала, если бы старость могла…» Мы вместе с Михаилом Гинзбургом и читателями несколько месяцев пытались превратить ее не то чтобы в тростинку, но в более изящную девушку. И частично нам это удалось. Свои десять-двенадцать килограммов она честно сбросила. Но при соблюдении наших рекомендаций могла бы без особых усилий сбросить и тридцать, а двадцать — вообще как нечего делать. При ее суперактивности и стойкости к физическим нагрузкам, обычное упорядочение режима и нормализация питания дали бы ей возможность через полгода увидеть себя такой, какой она мечтает быть. Но привычка ложиться спать в четыре-пять утра и просыпаться к полудню, а также есть что попало в заведениях общественного питания — это то, с чем справиться пока выше ее сил. Наш фотограф Мила Стриж как-то сказала мне: «Слушай, ты столько говоришь с ней о правильном питании, а моя подруга видела, как она в кафе ела блины и запивала их кока-колой». А одна читательница прислала на форум нашего проекта гневное письмо: «Вы говорите, она худеет? Несколько дней назад видела ее на углу улицы Солянка в полдвенадцатого вечера, уплетающую огромную порцию мороженого. И это диета?» Но я все же думаю, что опыт, который Корнелия получила, работая с нами, — это не только десять килограммов в минусе, это еще и приближение к пониманию того, как нужно действовать. А когда начинать худеть всерьез, решит она сама.

ПЕТР ПОДГОРОДЕЦКИЙ.
ОТ НОЖА ДО КОКАИНА

Правильно говорят: главное для похудения — это желание. Если очень хочешь этого, то обязательно достигнешь, что бы ни мешало тебе.

Тех, кто желает избавиться от излишних жировых отложений и обвисшей кожи путем операции, я призываю самым тщательным образом изучить все за и против, дотошно выспросить у врачей все о сути операции и ее перспективах, залезть в Интернет и почитать, что есть там, и только потом, если уж больше ничего предпринять нельзя, отправляться на операционный стол.

Что касается кокаина... Использовать его в качестве временного «средства для похудения» невозможно. По той причине, что вам все время будет требоваться увеличение дозы. Остановиться сами вы не сможете...

«Родился я в Москве пятьдесят три года назад в потомственной музыкальной семье. Моя бабушка была пианисткой, мама — профессиональной певицей, всю жизнь работала в Москонцерте. Понятно, что рос я в окружении музыкальной классики, и меня уже в шесть лет отдали в капеллу мальчиков при Гнесинском училище, которой руководил тогда Вадим Судаков. Сейчас он возглавляет что-то типа хора телевидения. Но долго я там не проучился, поскольку занятия проходили достаточно далеко от дома. Мы жили в начале проспекта Мира, а капелла располагалась в арбатских переулках напротив канадского посольства. Тогда от нас прямо до Арбата ходил троллейбус № 2, но его упразднили и ездить стало неудобно. Меня перевели в обычную школу рядом с домом. И в музыкальную, соответственно. Музыкальную школу я закончил раньше, но следующий год музыкой не занимался вообще. Правда, потом стало понятно: поскольку по большинству предметов у меня были трояки, а музыка шла на «отлично», надо было продолжать семейный бизнес. Специализировался я по классу фортепиано.

Жизнь в семье без отца была не особенно богатой. И в детском возрасте я не наедался досыта. Наверное, наш организм устроен так, что со временем он пытается «восполнить» то, что недополучил когда-то. Я всегда вспоминаю в этой связи ленинградских блокадников, которые до самой смерти, уже через сорок-пятьдесят лет после голода, делали запасы еды. Мне кажется, эта аналогия определенным образом отражает «требования» организма, в тот или иной период лишенного чего-то. Кстати, если перевести этот принцип на жизнь в целом, то очень многое можно объяснить. Например, девушка грубо отказала молодому человеку в близости, он, «поднявшись», заматерев, старается «оприходовать» как можно больше дам. Или в свое время малолетний сын моего знакомого доставал его вопросами: «Папа, а почему у нас «Таврия», а у соседа-писателя «Жигули?» Зато когда папа стал известным медиамагнатом, он перепробовал все! У него были и «Мерседесы» от скромного 124-го до «пульмана», простые и бронированные. И БМВ-850, и «Линкольн», и джипы всех типов, и, наконец, «офис на колесах» «Шевроле Старкрафт». А сейчас, возможно, и еще что-то...

После девятого класса, никому ничего не сказав, я решил поступить в музыкальное училище и заодно окончить там десятый класс. То есть, никого не уведомляя, явился в училище при Московской консерватории в Мерзляковском переулке, которое так и зовут — «Мерзляковка». Считалось оно более академичным и солидным, чем Гнесинское, поскольку было связано с консерваторией. Наши руководители говорили: «У нас тут не Гнесинка какая-нибудь». Пришел в приемную комиссию с наглой физиономией — поступать на фортепианный факультет. Когда я спросил у студентов-старшекурсников, которые сидели в приемной комиссии, где тут принимают документы у желающих специализироваться по игре на рояле, они понимающе закивали и выразились в том смысле, что, мол, еще один явился. Меня это насторожило, и я поинтересовался, сколько таких уже приходило. Оказалось, что я триста восемьдесят восьмой. Мест было всего двадцать, и, трезво взвесив свои возможности, я выяснил, где конкурс меньше всего. Мне сказали: «Иди на дирижерско-хоровое — там вообще пока никого». Туда я и подал документы. И через некоторое время стал полноправным студентом дирижерско-хорового отделения. Помогли мне в том числе и мамины знакомства в музыкальной тусовке того

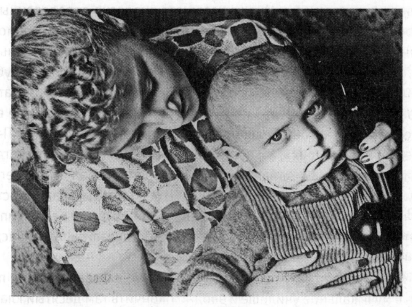

Петечка Подгородецкий на руках у мамы

времени. Кроме классики, я слушал и «Битлз», и другие популярные в то время группы, и даже сам играл джаз. Мы, студенты, естественно, сколотили свою неформальную музыкальную команду, хотя в нашем училище это не особо приветствовалось. Но мы выступали на всех праздниках и вечерах, исполняли джаз и кое-что из хитов тех времен. Там же, кстати, мы играли и в КВН, причем я был капитаном команды. На втором курсе меня пригласили петь в камерный хор Московской консерватории, а было мне всего-то шестнадцать лет. Там в основном были студенты консерватории с вокального факультета и один я с дирижерско-хорового, да еще из училища. На второй год пребывания в хоре я отправился в Италию. Там, в городе Ареццо, ежегодно проводится конкурс хоров в нескольких категориях — мужские, женские, детские, смешанные и народные. В основном туда ездили хоры из Прибалтики, но выше третьего места они не поднимались. И вот в семьдесят пятом году посылают наш коллектив. Параллельно проходит еще конкурс произведений для хоров, и те произведения, которые занимают там первые места, являются на следующий год обязательными для исполнения в рамках конкурсной программы. Они высылаются всем за три месяца до конкурса.

Это была первая моя поездка. У нас — сплошная серость, расцвет застоя, а там август месяц, девчонки ходят в прозрачных блузках — я чуть башку не свернул, порнуха на каждом углу, и это в шестнадцать лет! Тогда!

Мы заняли первое место в основной категории и третье место в категории народных хоров, причем, как стало понятно из объяснения судей, данная программа была недостаточно сложна для нашего хора.

В Италии я впервые обратил внимание на то, что за рубежом довольно много людей плотного сложения — видимо, потому, что там гораздо лучше обстояли дела с питанием. Кто не помнит, в середине семидесятых СССР, даже столица, обходились «без мяса». По неведомой большинству людей причине оно вдруг исчезло. Сразу вспоминается анекдот тех времен: «Одесситы пишут письмо Брежневу: «Дорогой Леонид Ильич! Если вам кто-то будет уже-таки говорить, что в Одессе с мясом плохо, плюньте ему в его погану и лживую харю! В Одессе с мясом — хорошо! А вот без мяса — плохо...» Остальной ассортимент продуктов был тоже достаточно скуден. На этом фоне итальянские продуктовые магазины казались раем, а кафе и рестораны, где нас время от времени кормили, — прибежищем гурманов.

Приехал я козырным парнем, поскольку мы выиграли кучу призовых денег. Правда, нам досталось немного. Прибыл товарищ из посольства с чемоданчиком, собрал деньги и отбыл, сказав «спасибо» от имени Советского государства. Но и суточных хватило на такие излишества, которые в Москве было трудно себе позволить: две пары джинсов, часы на браслете, подарки всем родственникам. Думаю, что если бы нам выдали всю премию, то я приехал бы на машине.

В шестнадцать-семнадцать лет я — молодой, даже почти красивый, и к тому же лауреат международного конкурса! В училище я был

«Если бы я и дальше нюхал кокаин, то стал бы таким же, как воины племени масаи». Середина 90-х. Африка

самым популярным студентом на тот момент, чем активно пользовался, чтобы облегчить свою жизнь.

К тому времени я работал на трех работах и иногда брал четвертую — где-нибудь в кабаке, чтобы поиграть на подмене. Вес при такой занятости набрать трудно, тем более что молодой организм «сжигал» все, что в него попадало из еды, со скоростью курьерского поезда. Я, конечно, не знал тогда всяких мудреных терминов типа «метаболизм» и «обменные процессы», а воспринимал происходящее так, как и следовало молодому здоровому человеку: хотелось есть — ел. И не задумывался о режиме дня, каких-либо диетах и прочих глупостях. Основная моя работа состояла в следующем. При каждом заводе или институте существовали вокально-инструментальные ансамбли, и, что самое удивительное, на них выделялись деньги, покупалась аппаратура и давалась ставка руководителя. Со второго курса училища я работал еще и концертмейстером в цирковом училище, причем с замечательной парой степистов — Быстровым и Зерновым. (Кстати, именно Алексею Быстрову посвящен фильм Карена Шахназарова «Зимний вечер в Гаграх», только там фамилия героя — Беглов. Это был потрясающий степист, и все, кто в последние десятилетия бил степ на нашей эстраде, — это его ученики или ученики его учеников.) Благодаря той своей работе я знаком со многими цирковыми людьми. Например, с моей первой женой учился на курсе Фима Шифрин. И я вел несколько ВИА, каждый из которых платил по восемьдесят рублей, а еще шестьдесят я получал в училище. Если прибавить сюда деньги, зарабатываемые на замене в кабаках, то получалось до пятисот рублей в месяц. Так зарабатывали, скажем, профессора, а то и академики. Я ездил на такси, ходил в рестораны, в общем, пожинал плоды. И, напомню еще раз, совершенно не задумывался о том, сколько и чего съедать...

В 1976 году я окончил музыкальное училище. Несмотря на тройки, мне, единственному с курса, дали рекомендацию в консерваторию. Но мне несколько надоела академичность, и я решил отдать долг Родине — то есть пойти в армию. Единственное, чем мне смогло помочь горюющее по этому поводу руководство училища, — это тем, что меня, с подачи директрисы, взяли в Ансамбль Внутренних войск МВД СССР под руководством Елисеева, который можно сейчас видеть на всех торжественных концертах государственного масштаба.

Понятное дело, что в армии, особенно в молодом возрасте, лишнего веса не наберешь. Даже когда сам станешь «дедом». Наше питание было рассчитано таким хитрым образом, что, даже регулярно съедая двойную порцию, солдат все равно не набирал лишнего веса. Обычно первый год все призванные дружно «худели», а в течение второго восстанавливали утерянное. Правда, те, кто занимался спортом, иногда добавляли мышечной массы, но это случалось достаточ-

Борис Ельцин награждает Петра Подгородецкого орденом Почета. 1999 г.

но редко и было связано, скорее, с ростом молодого организма, чем с питанием.

Когда я пришел в «Машину времени», а случилось это летом 1979 года, я был не то чтобы субтильным, но и не толстым молодым человеком — при росте сто семьдесят три сантиметра весил всего семьдесят два килограмма. То есть почти идеальный вариант.

В дальнейшем же мой вес менялся в строгой зависимости от материального положения. В 1980 году наша группа стала прилично зарабатывать, и мы могли себе позволить многое. По тем временам, конечно. А большие объемы алкоголя и деликатесов, которые наш коллектив регулярно уничтожал, не могли не повлиять на здоровье. Несмотря на плотный гастрольный график, жизнь в целом несколько стабилизировалась. Не надо было, как до армии, носиться с одной работы на другую, можно было просто делать свое дело. Я стал мало двигаться, а вскоре обзавелся и автомобилем — настоящим другом больших животов. Если раньше мне нужно было выйти из дома и пройти до метро либо дойти — но все-таки дойти — до такси, то с приобретением машины я вообще думал, что разучусь ходить. Тогда еще не было драконовских законов, карающих за пьянство за рулем, да к тому же членство в «Машине времени» давало определенную защиту от гаишников. Поэтому даже после вечеринок я не мог растрясти накопленные килограммы — садился в машину и мчался домой, спать! А еще у меня проявилась до поры до времени прятавшаяся генетическая предрасположенность к набору лишнего веса. Саше Кутикову это не грозило, Валера Ефремов тратил много энергии на спорт, и только Андрею Макаревичу все время приходилось следить за весом. Одно время он сидел на диете, затем бегал вокруг своего дома на Ленинском проспекте, плавал, но отвисшие бока и пока еще небольшой животик уже намечали перспективу. Потом, когда я ушел из «Машины времени» в первый раз, с Макаревичем произошел случай, буквально заставивший его заняться собой. Он любил по-демократичному сходить в Центральный парк культуры имени А. М. Горького попить пивка. И однажды отправился в свой любимый пивбар «Пльзень». Только-только ему налили кружку, как к нему подошел какой-то дебил и спросил: «Ты, что ли, Макаревич?» Андрей приосанился, гордо взглянул на него и сказал: «Ну, я!» А тот без всяких прелюдий нанес ему, не ожидавшему такой подлости, прямой правый в голову. И убежал, конечно.

И тогда Макаревич решил, во-первых, нанять себе охранника, благо средства позволяли, а во-вторых, заняться постижением основ самообороны. Еще во время самой первой гастрольной поездки «Машины времени» в Ростов поздней осенью 1979 года мы познакомились с замечательным парнем, которого звали Саша Иванча. Внешне он выглядел совсем не страшно, даже добродушно. Но при всем этом

Богомолову и Подгородецкому и без наркотиков очень хорошо. 2002 г.

103

он был как будто железным. Его мышцы были развиты совершенно. Нет, не как у культуристов, а исключительно гармонично и профессионально. И он был признанным мастером боевых искусств, в те времена практически запрещенных. Говорят, что его авторству принадлежал даже учебник для спецслужб. Во всяком случае, я видел какое-то пособие, проиллюстрированное фотографиями, на которых он демонстрировал приемы карате.

Так вот, примерно в 1983 году Андрей взял Иванчу в коллектив. Его задачей было отбивать Макаревича от возбужденных поклонников и поклонниц, следить за порядком во время тусовок, а также заниматься восточными единоборствами с членами группы. Особенно комично на тренировках, конечно, выглядел худенький Сережа Рыженко, размахивавший ручками-веточками. А вот Макаревич подошел к делу серьезно. Он решил немного похудеть, поэтому вместе с Иванчой бегал, приседал, отжимался и тренировался в освоении боевых приемов. Похудев на три килограмма за полгода, он решил, что лучше все-таки заниматься своим делом, и увлечение восточными единоборствами как средством для похудения постепенно сошло на нет.

Я же в начале восьмидесятых рос не по дням, а по часам. Причем не в высоту, а исключительно в ширину. Не помню точно, сколько я набрал за первый двухлетний период моего «бытия» в «Машине времени», но никак уж не меньше пятнадцати килограммов. А возможно, что и больше. Набирал я вес и во время альянса с «Воскресеньем», хотя денег зарабатывал значительно меньше. Зато друзья и поклонники были готовы в любой момент пригласить меня в лучшие рестораны, чтобы отобедать или отужинать вместе с «легендой рока». Немного похудел я лишь в середине восьмидесятых, когда перебивался случайными заработками. Но никаких усилий для этого я не предпринимал. Просто так получилось, и все...

Ко времени своего поступления в ансамбль, сопровождавший выступления Иосифа Давыдовича Кобзона, я весил чуть больше девяноста килограммов. И «отъесться» мне не пришлось. Выступать в составе этого коллектива значило носить костюм, галстук и рубашку, а кроме того, сохранять нормальное телосложение. Сам всегда строго следивший за собой, Кобзон требовал этого и от других. Иначе можно было запросто вылететь из обоймы, чего мне очень не хотелось. В общем, почти всю «перестройку» я держал себя в таком состоянии, чтобы влезть в пятьдесят второй — пятьдесят четвертый размер костюма. Только расставшись с маэстро, я немножко набрал вес, килограммов до девяноста пяти. А потом случилось мое «второе пришествие» в «Машину времени».

Без ложной скромности скажу: наше с Женькой Маргулисом возвращение в группу значительно повысило ее популярность и востребованность. А тут еще рыночные отношения, зарубежные поездки. И еда, еда, еда... Динамика веса стала восходящей.

В Таиланде в 2003 году. Вес уже около 125 кг

ПОХУДЕЙ СО ЗВЕЗДАМИ

Начало девяностых для «Машины времени» было периодом, когда мы, наконец, начали реально пожинать плоды своей работы и получать неплохие деньги. В коллективе был установлен достаточно справедливый порядок распределения гонораров от концертов: их делили поровну. И этого хватало. Неожиданно разбогатевшие будущие олигархи, всякого рода авторитеты, а то и просто вышедшие на свет «теневики» охотно приглашали нас отработать корпоратив-другой за приличную сумму. А получить в то время одну-две, а то и пять тысяч долларов за выступление было круто. Правда, купить у нас в стране было особенно нечего, но это уже иная тема. Зато поесть-попить, пообщаться с прекрасными дамами — этого было в избытке. И вес сам собой начал нарастать. К лету 1992 года я весил уже никак не меньше ста двадцати килограммов, что при отсутствии занятий физкультурой и спортом вызывало некоторый дискомфорт. Вскоре я почувствовал, что мне тяжеловато. Заболели колени, чего раньше никогда не было, на концертах пот стал заливать глаза, и я таскал с собой полотенце, девушки жаловались на однообразие сексуальных позиций... В определенном смысле я начал ощущать себя неполноценным человеком. С другой стороны, моя самодостаточность и высокая самооценка не давали мне впадать в уныние, равно как и принимать какие-то меры к тому, чтобы похудеть. Я просто меньше двигался, ленивее вел себя во время концертов, а что касается общения с лицами противоположного пола, то человек творческий всегда найдет выход...

И вот тут нарисовался человек по фамилии Акопян. Нет, не великий иллюзионист советского времени Арутюн Акопян, и даже не его сын Амаяк. Звали человека Андреем, впрочем, и сейчас его зовут точно так же. Насколько мне известно, он жив и здоров и даже возглавляет крупный медицинский центр, который занимается репродукцией человека и планированием семьи. А тогда он по чьему-то приглашению пришел на концерт, остался на послеконцертную пьянку и, услышав мои жалобы на то, что мне никак не удается сбавить килограммчик-другой, а сидеть на всяких диетах я не хочу, предложил свои услуги.

Из дальнейшей беседы выяснилось, что он работает в том самом медицинском учреждении, из которого вырос упоминавшийся мной центр, по-моему, даже республиканский. Сам будучи хирургом, он рассказал мне об операциях, которые позволяют запросто убрать с десяток килограммов и столько же сантиметров объема без всяких диет, голоданий и занятий физкультурой и спортом. На словах это выглядело весьма привлекательно: скинуть за пару недель, которые, по словам доктора, составлял реабилитационный период, нужный вес, влезть в старые любимые джинсы, да еще не прилагать к этому никаких усилий — это было по мне! И я, не подозревая о том, на что в действительности подписываюсь, согласился...

У «Машины времени» как раз образовался небольшой перерыв в концертной работе, и я решил, что настало время перемен. Поехал в клинику, где меня приняли как родного, осмотрели-ощупали, взяли анализы на СПИД, холестерин, билирубин, протромбин и прочее, заставили пописать в пробирку, сняли кардиограмму и через пару дней вынесли вердикт: к операции годен! Акопян очень складно рассказал мне о том, что такое абдоминопластика и каким образом вместе с кожей убираются жировые отложения. При этом он давал голову на отсечение, что эти жировые отложения никак появиться снова не смогут, что еще более уверило меня в безграничности возможностей современной пластической хирургии. Нужно было мне нотариально зафиксировать обещание Акопяна, и тогда уж ему точно было бы «головы не сносить». Мне красивыми фломастерами даже нарисовали на животе примерную картинку того, как все будет выглядеть. Выглядело весьма привлекательно. Правда, в удаляемую часть кожи и жира попадал пупок, но это меня не смущало. Наоборот, радовала возможность рассказать на пляже или в бане волшебную историю о том, что я был зачат в про-

107

ПОХУДЕЙ СО ЗВЕЗДАМИ

Подгородецкий и Паша Паскаль лакомятся червячками и личинками

бирке и родился в инкубаторе, и этим заинтриговать незнакомых со мной ранее девушек. Меня, правда, тут же опустили на землю, сказав, что без пупка оставаться не положено, и мне его «сформируют», но я все-таки надеялся, что смогу остаться «безпупковым». Ну а в принципе все выглядело очень нестрашно: ну разрежут, выкинут ненужное, зашьют. И под общим наркозом, так что, в принципе, не больно. А затем несколько дней в больнице, пару недель перевязок, и вот он я: худой и стройный Подгородецкий Петр Иванович собственной персоной!

Коллеги по работе пытались отговаривать меня от оперативного вмешательства в организм, пугая всяческими осложнениями. Макаревич говорил, что мне надо прекратить жрать и начать бегать, Кутиков — что надо прекратить пить и начать бегать, Маргулис — что надо прекратить жрать и пить, а Ефремов — что нужно бегать как можно больше и играть в теннис. Других рецептов не предлагалось, так что я с легким сердцем плюнул на предостережения друзей и стал готовиться к операции. Думаю, главной моей ошибкой было то, что я доверился Акопяну и не обратился больше ни к одному врачу. Знающие люди объяснили бы мне, что предстоит серьезная полостная операция, что такие вмешательства имеют свой процент летальности, небольшой, но и не самый маленький, что возможные осложнения могут перевесить, в конце концов, сиюминутную выгоду от быстрого и решительного избавления от лишних килограммов. Бывают ведь различные инфекции, как местные, так и общие внутрибольничные, которые при такой огромной ране могут испортить жизнь кому угодно, даже самому Подгородецкому. Но мне это в голову как-то не приходило, тем более что Акопян рассказывал все очень красиво и был весьма убедителен. Спасибо ему большое за то, что я хотя бы остался жив. Впрочем, «зарезать» артиста «Машины времени» хирургам было невыгодно — уж слишком пострадал бы имидж больницы и самих медиков...

Еще одним неудобством для меня, человека и сейчас любящего поесть, а в те времена бывшего настоящим гурманом, было то, что перед операцией несколько дней требовалось поголодать. В связи с этим я отправился в ресторан «Золотой дракон» и основательно отобедал. Ростки бамбука, китайская капуста, кольца кальмара в кляре, последовавшие за ними три порции жареных пельменей вкупе с бутылкой ледяной водки «Абсолют» привели меня в самое лучшее расположение духа. Наутро я был готов к любым испытаниям. Даже к частичному голоданию...

А потом настал исторический день. Я прибыл в больницу и расположился в палате. Акопян провел со мной установочную беседу, затем меня погрузили на каталку и повезли в операционную. Заметив, что меня ввозят в помещение вперед ногами, я обратил на это внимание медсестры, управлявшей транспортным средством. На это она с присущим медикам юмором ответила, что самое главное в моей ситуации не как ввезти, а как вывезти. И успокоила словами о том, что «во время операций у них умирают нечасто, а вот потом...» Радости мне это не прибавило, и я начал, хотя и с некоторым опозданием, несколько опасаться за свою судьбу. Правда, доктор Акопян, видя мое волнение, вколол мне успокоительное и лишь потом дал наркоз.

Когда я очнулся в реанимационной палате, мой живот жутко болел. Не буду утомлять читателей особенностями и разнообразием болевых ощущений, скажу лишь, что было неприятно. Время от времени мне кололи обезболивающее, и это давало возможность поспать, но в целом... Вдобавок мой фальшивый пупок жутко чесался поначалу.

В палате со мной лежали еще двое бедолаг, по всей видимости, находившихся в более тяжелом состоянии, чем я, поскольку время от времени теряли сознание или жаловались на сильную боль. Наши замечательные сестры и нянечки весь день исправно прибегали на зов страждущих, вызывали врачей, делали уколы, давали таблетки... Но в семь часов вечера жизнь замирала. Все до единой женщины бежали в другой конец коридора, где располагался телевизор, смотреть сериал «Просто Мария». С тех пор имя исполнительницы главной роли Виктории Руффо вызывает во всем моем организме неприятные ощущения. Сейчас это вспоминается как забавный эпизод, а вот в то время было почти катастрофой. Спасал положение только мой хорошо поставленный и зычный голос. Увидев, что сосед по палате «отключается», я истошно орал: «Сестра!», и люди в белых халатах, недовольные тем, что их отвлекли от зрелища, прибегали и проводили необходимые реанимационные мероприятия. Скажу честно, если бы не я, из-за этой гнусной «Марии» кто-то мог запросто откинуть коньки. А в масштабе всей страны что происходило, представляете?

Через несколько дней я, как и положено, начал вставать, но мой шов, вопреки уверениям Акопяна, не только не перестал болеть, а еще и разошелся. Несмотря на старания медперсонала, он никак не хотел заживать, что доставляло мне определенные неудобства. Еще большие неудобства, прошу прощения за подробности, причиняло мне хождение в туалет «по большому», а точнее невозможность вытереть себе попу, ибо в течение двух недель любые скручивающие движения были не только противопоказаны, но и причиняли жуткую боль. Меня и тут выручал сильный голос. Сидя в позе орла, я громко кричал: «Сестра!», и ко мне немедленно прибегала заботливая женщина с рулоном туалетной бумаги...

Когда я начал гулять по больничным окрестностям, ординатор, опекавший меня, показал мне рослую узбечку. Нормальная такая дочь степей и пустынь с косой в три пальца толщиной и длиной до середины ягодиц... Наклонившись ко мне, доктор прошептал: «Петя, а это ведь мужик...» Я буквально остолбенел от удивления и, скажу честно, не сразу поверил. Но потом мне показали карточку пациента (или пациентки) с фотографиями «до» и «после». Так я впервые узнал про

В Таиланде его звали «Большой босс». 2005 г. 130 кг

111

операции по смене пола. Это сейчас можно съездить в Таиланд и на-
смотреться на «переделанных» вдоволь, а тогда все было в новинку.

С открытой раной (в несколько сантиметров) я выписался из
больницы, поскольку начиналась гастрольная деятельность. Первое
выступление — в Риге — у нас было в сокращенном составе: я и
Женька Маргулис. Он улетел самолетом на день раньше, и я, приехав
утренним поездом, обнаружил его в гостинице в состоянии сильного
похмелья. На двух столах красовались остатки вчерашнего застолья:
недопитые бутылки водки и пива, тарелки с закуской, стаканы и многочисленные окурки.

Женька притащил помойное ведро, скинул в него все со столов,
сдвинул их, накрыл простыней с кровати и сказал: «Ложись, сейчас я
тебе буду делать перевязку!» Надо сказать, что Маргулис имеет сред-
нее специальное медицинское образование, поэтому Акопян, доверяя
коллеге, перед отъездом тщательно проинструктировал его относительно того, какие жидкости мне нужно заливать в рану, чем ее обра-
батывать и как бинтовать. Правда, он не мог учесть состояния, в котором к моменту процедуры находился «медбрат». Женька разбинтовал
меня, увидел рану, вдохнул жуткий запах и, пробормотав: «Минуточку,
больной…», скрылся в недрах санузла. Оттуда послышались характер-
ные трубно-хрюкающие звуки, а затем шум спускаемой воды. Через
пару минут показался посвежевший Евгений в новых резиновых пер-
чатках. Он быстро и без особых сложностей забинтовал мне все так,
как было предписано, после чего мы стали готовиться к концерту. Он
лег спать, а я отправился на прогулку по городу…

Через какое-то время внешние швы у меня были окончательно
сняты, дырка в животе затянулась, но вот внутренние швы, которые
накладывались с помощью специальных рассасывающихся ниток,
частенько напоминали о себе. То ли у меня такой организм, в котором нитки отказывались растворяться, то ли нитки были не совсем
качественные, но примерно в течение пятнадцати лет, время от времени, у меня на коже появлялось уплотнение, затем нарывчик, и из

него с гноем выходили узелки этих самых ниток. Скажу честно: если бы я имел представление обо всех возможных неприятностях, связанных с операцией, то послушал бы совета друзей насчет сокращения питательного рациона и увеличения физических нагрузок. Но что сделано, то сделано...

Несмотря на уверения Акопяна, мои жировые клетки отнюдь не исчезли. Они со временем стали размножаться, расти, и я даже превзошел свой прежний весовой рекорд. Правда, потом все-таки по-

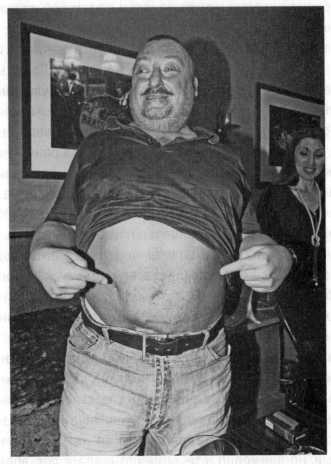

Вот такие следы остаются от абдоминопластики! Март 2010 г. 105 кг

худел килограммов на тридцать-сорок, но это уже совсем другая история...

Я не знаю, насколько изменилась и усовершенствовалась технология проведения операций, подобной той, которую сделали мне. Все-таки медицина не стоит на месте, и восемнадцать лет для нее не проходят бесследно. Но тех, кто все же решится избавляться от излишних жировых отложений и обвисшей кожи, я призываю самым тщательным образом изучить все за и против, дотошно выспросить у врачей все о сути операции и ее перспективах, залезть в Интернет и почитать, что есть там, и только потом, если уж больше ничего предпринять нельзя, отправляться на операционный стол.

К концу 1993 года я весил уже сто двадцать пять килограммов, что не могло меня не беспокоить. О дальнейших же событиях я настоятельно не рекомендую читать людям с неустойчивой психикой. Ибо в мою жизнь вошло химическое соединение, которое с огромным удовольствием употребляли путем вдыхания через нос такие знаменитости, как Шерлок Холмс и Феликс Дзержинский. Да-да, я имею в виду кокаин.

Покойный Рома Трахтенберг как-то раз сказал: «Кокаин — это такая вещь, с помощью которой Господь Бог предупреждает человека о том, что тот стал слишком много зарабатывать». И, вполне возможно, он был прав.

При всех проблемах, вызванных употреблением наркотика, — зависимости, невозможности управлять собой в некоторых ситуациях, нервных срывах, деформации личности и прочем, у него есть одно, оказавшееся для меня полезным, свойство. Он заглушает чувство голода и уменьшает потребность в пище в несколько раз. Так же, впрочем, как и некоторые другие вредные и противозаконные стимуляторы. И я стал стремительно худеть. Если вы посмотрите на мои фотографии 1993 и 1999 годов, то вам покажется, что на них изображены два разных человека. За несколько лет, проведенных в наркотическом дурмане, я похудел на сорок семь килограммов! И не предпринимал при этом никаких особых усилий. Только нюхал кокс каждый день…

Сразу оговорюсь, худеть с помощью такого метода я не рекомендую никому. Я, по счастью, остался жив и относительно здоров. Те же, с кем я вместе «наркоманил» пятнадцать лет назад, либо тяжело больны, либо уже покинули наш мир. Использовать кокаин в качестве временного «средства для похудения» невозможно. По той причине, что вам все время будет требоваться увеличение дозы. Остановиться сами вы не сможете. Кончатся деньги, перейдете на дешевые наркотики, от которых умирают еще быстрее. Конец будет один. И гораздо более быстрый и тяжелый, чем можно себе представить…

Когда в конце 1999 года я покинул «Машину времени», у меня уже было довольно серьезное желание «соскочить» с кокаина. Но вот как это сделать, я не знал. Дозы, правда, в связи с ухудшившимся материальным положением становились меньше, но гораздо чаще наступал так называемый абстинентный синдром, а в просторечии «ломка». И выхода из этого, казалось, замкнутого круга не виделось никакого.

Спасли меня двое моих друзей — Леша Богомолов, автор этой книги, и Тарас Нотин, владелец сети магазинов дубленок и кожи, сейчас называющейся «Бонапарт». Они просто увезли меня на дачу к Тарасу и каждый день поили до бесчувственного состояния водкой или виски. Приезжали общие друзья, выпивали со мной, меня навещали знакомые, полузнакомые и совсем незнакомые девушки. Но не то что кокаина, даже марихуаны ни у кого не было. И я как-то свыкся с мыслью, что белый порошок мне не нужен. Да и алкоголь, поначалу сбивавший меня с ног, со временем стал потихонечку отходить на дальний план. Я взялся за сочинение новых песен, а затем получил собственную ежедневную программу на радио «Серебряный дождь» и стал вести шоу «История сбитого летчика» на телевидении. Начались и концерты, и новые проекты… А самое главное — я вновь стал приобретать приятную полноту. Нет, не безобразные для артиста сто тридцать килограммов, а так, чуть больше ста. И не тяжело, и солидно. В общем, сегодня, после всех злоключений, мой вес остановился на ста пяти килограммах. Никакой специальной диеты не соблюдаю. Вместо белого сахара использую коричневый (мне больше нравится). Стараюсь не употреблять тяжелый алкоголь вообще, ограничиваясь только пивом или сухим вином. Спорт для меня существует, правда, лишь на экране телевизора. С огромным удовольствием смотрю «Формулу-1», теннис, биатлон, мировые, европейские чемпионаты по футболу. Говорят, что дистанционное «боление» — тоже спорт. Во всяком случае, импульсы в мышцах сродни тем, которые получают спортсмены. А если требуется все-таки похудеть, на месяцок отправляюсь в Таиланд. Жаркая погода, плавание в океане, диета из морепродуктов и фруктов — что еще надо для того, чтобы избавиться от лишних пяти-семи килограммов? И ощущения при этом великолепные!

А вообще, правильно говорят: главное для похудения — это желание. Если очень хочешь этого, то обязательно достигнешь, что бы ни мешало тебе. Вспоминаю по этому поводу анекдот про то, как очень крупного мужчину приговорили к казни на электрическом стуле, а он в этот стул стандартных размеров никак не мог влезть. Генеральный прокурор США дал указание: посадить гражданина на диету. Прошел месяц, а он не только не похудел, но и, наоборот, добавил. Генпрокурор потребовал ужесточить содержание: посадить на хлеб и воду. Через месяц у осужденного прибавка в десять килограммов. Снова представители власти решили идти законным путем: оставили только воду. А у мужчины опять десять килограммов за месяц. Наконец, феноменом заинтересовалось телевидение. Ведущий передачи спросил его: «Как же так, на диете были, на хлебе и воде, на одной воде… И поправились на тридцать килограммов, не худеете совсем. Почему?» А тот ответил: «Понимаешь, дружище, мотивации маловато!»

Петр Подгородецкий. От ножа до кокаина

Мой друг Петя Подгородецкий — это по-настоящему большой музыкант. Даже мастера классического жанра признают, что он играет на клавишных великолепно. У него множество недостатков, главным из которых является желание отложить что-либо на будущее. Он ненавидит лечиться и начал, к примеру, процесс зубопротезирования только тогда, когда во рту почти не осталось зубов. Но его импульсивность (она как-то уживается в нем с медлительностью) заставляет Петю совершать странные поступки, такие, например, как хирургическая операция по «удалению живота». Сегодня он не в первом ряду звезд рок-музыки, но у него есть свои преданные поклонники и почитатели. Билеты на его ежемесячные концерты в клубе «Союз композиторов» стоят иногда дороже, чем на шоу Мадонны (по двести — двести пятьдесят долларов). Да и высокопоставленные люби-

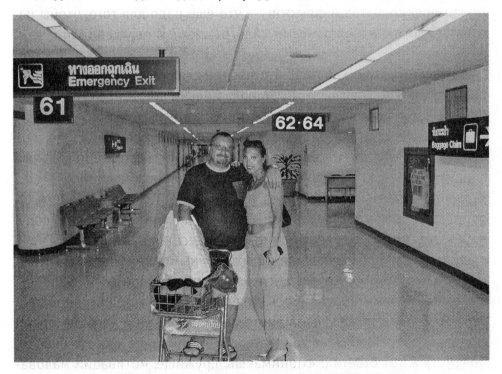

С любимой женой Ирой. Вылет домой. 2007 г. 115 кг

ПОХУДЕЙ СО ЗВЕЗДАМИ

тели музыки исправно посещают его программы (я, например, видел на его выступлении первого вице-премьера, министра финансов Алексея Кудрина). У Пети все время появляются новые идеи: однажды он захотел переселиться в Таиланд и даже купил там дом. Потом решил дом продать и поработать в Минске, где ему предлагали выгодный контракт. Затем его мысли унеслись в Израиль... Но больше всего я рад тому, что он прекрасно себя чувствует, и вес у него стабилизировался сам собой, а это бывает очень редко.

РИТА. КОРОЛЕВА ДИЕТОЛОГОВ

Одной мотивации и решительности в борьбе за своё
здоровье и красивое тело мало. Необходима еще невероятная сила воли. Желание поесть — это природный
инстинкт, причём один из самых сильных. Организм
понимает, что без еды он может погибнуть. На это он
настраивается тысячелетиями. И не любит насилия над
собой, ограничении. Это не шизофрения, но у нашего
организма есть два «я». Одно их них стремится наесться как можно плотнее, и к тому же получить максимальное удовольствие от еды. И на его стороне инстинкт самосохранения. Другое «я» — это здоровье,
сила, стройность, желание прекрасно выглядеть. Оно
является более осознанным. Такая осознанность присуща только нам — разумным существам! Оба наших
«я» жизненно важны для организма, они не могут друг
без друга. И мы должны привести их в гармонию между собой.

У большинства из нас есть сформировавшиеся пищевые привычки, своего рода зависимость от еды. Еди-
ственное средство борьбы с ней — научиться делать
осознанный выбор.

Одной мотивации и решительности в борьбе за свое здоровье и красивое тело мало. Необходима еще невероятная сила воли. Желание поесть — это природный инстинкт, причем один из самых сильных. Организм понимает, что без еды он может погибнуть. На это он настраивается тысячелетиями. И не любит насилия над собой, ограничений. Это не шизофрения, но у нашего организма есть два «я». Одно их них стремится наесться как можно плотнее, и к тому же получить максимальное удовольствие от еды. И на его стороне инстинкт самосохранения. Другое «я» — это здоровье, сила, стройность, желание прекрасно выглядеть. Оно является более осознанным. Такая осознанность присуща только нам — разумным существам! Оба наших «я» жизненно важны для организма, они не могут друг без друга. И мы должны привести их в гармонию между собой.

У большинства из нас есть сформировавшиеся пищевые привычки, своего рода зависимость от еды. Единственное средство борьбы с ней — научиться делать осознанный выбор.

ПОХУДЕЙ СО ЗВЕЗДАМИ

О Маргарите Королевой я услышал несколько лет назад. Про нее говорили, что это талантливый диетолог, что с ней худеют чуть ли не все звезды нашего шоу-бизнеса, а также политики, актеры, телеперсоны и прочие. О самой системе похудения, как правило, не говорилось, но отмечалось, что это «очень дорого». А потом появилась более конкретная информация. Я узнал, к примеру, что основа ее системы — это дробное питание, непоздний ужин, разгрузочные дни, физические нагрузки и физиотерапевтические процедуры. В начале 2008 года мой друг Роман Трахтенберг рассказал мне (и довольно подробно), как он худел у Королевой. Не буду перегружать читателя подробностями (в книгу вошел его рассказ на эту тему), но скажу, что он с огромным уважением и симпатией относился к Королевой. Она заставила его поверить в свой метод и убедила в необходимости испробовать его, хотя Ромка был человеком, которому очень трудно что-то внушить. Он сильно сомневался в возможностях диеты (если называть это по-королевски — системы питания). И зря! Похудел за шесть месяцев на тридцать четыре килограмма и стал значительно подвижнее и стройнее. Привычкам своим, однако, он не изменил, что, скорее всего, и привело его к смерти. Но само похудение тут абсолютно ни при чем. Трагедия случилась с Романом спустя три года, да и причины ее лежали в не очень здоровом образе жизни, который он вел, и совершенно нечеловеческих масштабах трудовой деятельности.

Эффективность метода Королевой подтверждена сотнями ее клиентов, некоторых из которых мы все довольно часто видим на экранах ТВ. Андрей Малахов, Владимир Соловьев, Николай Басков, Жанна Фриске, Татьяна Тарасова, Элина Быстрицкая, Анита Цой, Надежда Бабкина...

Королева бралась и за очень возрастных людей — тех, кому за восемьдесят, и за очень больших (максимум — мужчина весом в двести двадцать шесть килограммов, сбросивший почти сто). И ей неизбежно сопутствовал успех.

Рита. Королева диетологов

Я познакомился с Маргаритой Королевой в марте 2010 года, когда начал работу над проектом «Комсомольской правды» «Худеем со звездами!». Мы долго и тщательно отбирали участников. Александр Семчев, как самый фактурный актер и очень известный персонаж, попадал стопроцентно, а вот с остальными была проблема. И тут кто-то предложил: «А давайте возьмем Баскова. Он же тоже худел. И заставим его рассказать о том, как худеют в клинике Маргариты Королевой». На том и порешили. А пока Николай был на гастролях, я отправился на Петровку в Центр эстетической медицины, которым Королева, собственно, и руководит.

Роман Трахтенберг в свое время говорил мне, что хозяйка заведения выглядит лет на двадцать моложе, чем есть на самом деле. Но я не думал, что Маргарита окажется такой яркой и одновременно хрупкой женщиной. Не люблю говорить о том, кто на сколько лет выглядит, но она смотрелась и смотрится просто блестяще. Я бы даже сказал, безупречно. Впрочем, для нее выглядеть таким образом — часть профессии.

А еще она оказалась очень умной, эрудированной и приятной собеседницей, продемонстрировавшей умение не только разговаривать (этим владеют многие женщины), но и слушать. В общем, мы сели в ресторане на втором этаже ее клиники и проговорили часа два кряду. Потом в ходе проекта мы еще несколько раз встречались и беседовали, иногда специально для этой книги, иногда просто так. Эти беседы и легли в основу рассказа Маргариты Королевой о ее совсем не простом пути от обычной московской девочки-студентки до самого известного и самого «звездного» диетолога нашей страны. А, возможно, и не только нашей.

«Я родилась в Москве, жила в районе станции метро «Добрынинская». Как и многие жители средней полосы, была расположена к лишнему весу. Да и наследственность тоже непростая — мама весила почти девяносто килограммов. Хотя до определенного времени эта предрасположенность не проявлялась. Я могла есть много сладкого, соленого, мучного и не прибавляла в весе. Во многом из-за того, что серьезно занималась спортом — спринтерским бегом и прыжками в длину. И результаты к двадцати годам были неплохие: добегалась-допрыгалась до кандидата в мастера спорта. В длину лучший результат — пять метров тридцать два сантиметра, в беге на шестьдесят метров — восемь целых две десятых секунды, в беге на стометровку — в районе тринадцати секунд.

Кстати, со своим будущим мужем Сашей я тоже познакомилась благодаря спорту. Он из Московской области, из Подольска, но так сложилось, что он, так же как и я, учился в Первом Московском медицинском институте на Пироговке. Сейчас это Московская медицинская академия. Но познакомились мы не в стенах вуза, а на стадионе «Динамо», где как-то раз совпало время наших тренировок. Муж — мастер спорта по бегу, бегал с самим Валерием Борзовым, олимпийским чемпионом в спринте. Он к тому времени закончил институт, учился в клинической ординатуре. В 1983 году я вышла замуж, а в 1984 у нас с Сашей

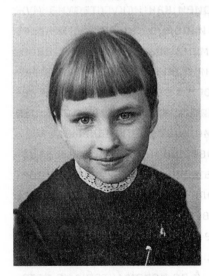

Октябренок Риточка Королева

родилась дочь Марина. Мы с мужем мечтали о том, чтобы она тоже стала врачом, но она, буквально за год до окончания школы, решила избрать другую специальность. Закончила факультет иностранных языков МГУ по специальности «Международные отношения», затем получила второе высшее образование в Университете дружбы народов. Вышла замуж и родила мне внучку. Сейчас Марина работает вместе со мной, руководит одной из клиник...

Академического отпуска я не брала, грудного молока было мало, а движения — много: коллоквиумы, семинары, экзамены... В общем, набранные за время беременности килограммы как-то быстро и незаметно ушли.

Вопросы борьбы с лишним весом меня в то время еще не волновали. В годы учебы я интересовалась эндокринологией, занималась в научном кружке по этой проблематике. Меня больше интересовали проблемы щитовидной железы, гипотиреоз, аутоиммунные заболевания. Гипотиреоз, кстати, сопровождается задержкой жидкости и набором веса, поскольку снижен обмен веществ. Но непосредственно ожирением я не занималась. Основной же моей специализацией была кардиология.

По окончании института и клинической ординатуры я забеременела второй раз. И чтобы родить здорового ребенка, «как все нормальные люди», взяла декретный отпуск. Родила сына Андрея (сейчас он учится на четвертом курсе лечебного факультета нашего родного вуза). И очень легко и быстро набрала двадцать пять килограммов лишнего веса. А почему бы и нет? Институт с экзаменами и прочими волнениями остался позади, рабочее место зарезервировано... Я начала заниматься кулинарией как искусством, а муж поддерживал мои начинания, закупал и привозил продукты и «в профилактических целях» стал кормить меня плюшками и сметаной. Отмечу, что молока от такой диеты у меня больше не стало. Зато через четыре месяца после рождения Андрея я достигла своего «исторического максимума» — восемьдесят пять килограммов! И поняла: если что-то не сделать, то вес будет неумолимо расти дальше.

Нет, поначалу-то мне все казалось совершенно нормальным. Думала, что рожу и быстро похудею — ведь я никогда не была толстой. Но прекращение занятий спортом, не столь подвижный, как хотелось бы, образ жизни, усиленное питание — все это сыграло свою роль.

До определенного момента меня не особенно волновала моя внешность. Счастье и гармония в браке, двое детей, которые почти полностью занимали мое время и мысли. А по ночам (чтобы не потерять квалификацию) я читала книги. Жили мы тогда на третьем эта-

125

же, но с некоторых пор подниматься туда мне почему-то стало тяжелее, былые гибкость и легкость куда-то исчезли. В один прекрасный момент я поняла, что если просижу дома еще полтора, а то и два с половиной года, то превращусь в почтенную матрону — мать семейства, буду величаво со слоновьей грацией передвигаться и покрикивать на расшалившихся детей.

Когда я внимательно осмотрела себя в зеркале, из моих глаз сами собой хлынули слезы. Муж успокаивал меня, говоря, что все женщины после родов набирают вес, что у меня такая наследственность, что он, видя мою полную маму, был готов к тому, что я стану со временем такой же. «Генетика сильнее нас», — повторял он.

Но все мое существо уже настроилось бороться за возвращение к нормальной жизни и былой внешности. Я стала анализировать, что случилось. И выяснила, что виновата не генетика, а мои собственные желания. Мы часто говорим «организм хочет» и прислушиваемся к нему. В общем-то правильно делаем. Но иногда «желания» организма, его инстинкты направлены не на пользу, а во вред ему.

Меня никто не заставлял доедать за детьми кашу или фруктовое пюре, баловать себя булочками и тортиками, икрой и маслом, жирной и соленой рыбой... Я могла есть и днем, и ночью, когда сидела за столом и читала новую медицинскую литературу. Никто не стоял надо мной и не требовал: «Съешь это немедленно!» Я все делала сама, идя на поводу у своих желаний. И организм, вместо того чтобы оздоровиться, начал потихоньку разрушаться. Лишний вес был одним из первых симптомов этого разрушения.

Мотивация к тому, чтобы решительно заняться собой, расширялась и крепла. Я думала о том, что возвращаться на работу, к своим любимым коллегам в таком виде просто стыдно. Мне снова захотелось (несмотря на то, что я — любимая жена и мать двоих детей) быть красивой и получать комплименты не только от супруга. А уверенность в себе? А желание красиво и элегантно одеваться? А здоровье, в конце концов? Именно с этого момента все и началось.

Рита. Королева диетологов

Я решила практиковать основательный научный подход. Обложилась имевшейся тогда специальной литературой по снижению веса (ее, конечно, было в десятки раз меньше, чем сегодня). К тому же в институте я была отличницей, старалась вникнуть во все дисциплины и использовала накопленные знания в приложении к собственному организму. Заново изучила основные подходы к физиологии пищеварения, эндокринологии, генетике, теории ожирения. Конечно, я пробовала имевшиеся системы снижения веса, например голодание по Брэггу. Но вес быстро возвращался и становился только больше. Мне было любопытно разобраться, почему это происходит. Прислушиваясь к своему организму, я поняла, что есть какая-то нелогичность в тех программах, которые задавались, в действиях, которые я провожу. Я изучила много историй похудевших людей, муж приносил переводную литературу. Так скапливался тот багаж знаний, основы методик, которые сперва в приложении к себе, а потом и к другим людям, я практикую.

Начинала я с обычного кефира, на котором могла просидеть день-другой. Потом добавляла к нему тщательно подобранный и рассчитанный рацион. Стала пить больше жидкости, особенно обычной воды, и лишь вечером — чай с молоком, поскольку трижды в сутки кормила сына.

А еще я сделала то, что и сегодня советую делать всем, кто всерьез занимается изменением своего образа жизни. Провела полную ревизию пищевых запасов, как оперативных, так и стратегических. Наш холодильник покинули колбаса и копчености, сосиски и сардельки, соленая и жирная рыба. Исчезли калорийные булочки, а также жирные соусы. Сладкие сырки перекочевали на отдельную полку для дочери. Я убрала из дома конфеты, печенье, перестала покупать продукты, потребление которых трудно контролировать (орехи, сухофрукты, семечки). Отказалась от сладких напитков и магазинных соков. Даже сочные фрукты ограничила весьма строго. А еще отдала родителям все домашние заготовки — от маринованных помидоров и огурцов до любимого вишневого варенья.

127

Наконец, я озадачила мужа — главного поставщика продуктов для семьи. Вместо колбасы он стал приносить телятину, вместо картошки — капусту, свеклу и огурцы, вместо десертов — ягоды и фрукты. В тот момент для меня было очень важно встретить в семье понимание и поддержку. Кстати, дочка перешла на режим здорового питания практически безболезненно, как это бывает в детском возрасте.

Результат не заставил себя ждать. Килограммы уходили один за другим буквально на глазах. И это меня радовало и поддерживало. Я стала думать о том, как буду выглядеть, когда похудею, какие вещи смогу покупать и носить. Фантазировала относительно комплиментов, которые получу от мужа и сослуживцев. Думала о том, как будут рады дети тому, что их мама такая молодая и красивая.

Конечно, одной мотивации и решительности в борьбе за свое здоровье и красивое тело мало. Необходима еще невероятная сила воли. Желание поесть — это природный инстинкт, причем один из самых сильных. Организм понимает, что без еды он может погибнуть. На это он настраивается тысячелетиями. И не любит насилия над собой, ограничений. Это не шизофрения, но у нашего организма есть два «я». Одно их них стремится наесться как можно плотнее и к тому же получить максимальное удовольствие от еды. И на его стороне инстинкт самосохранения. Другое «я» — это здоровье, сила, стройность, желание прекрасно выглядеть. Оно является более осознанным. Такая осознанность присуща только нам — разумным существам! Оба наших «я» жизненно важны для организма, они не могут друг без друга. И мы должны привести их в гармонию между собой.

У большинства из нас есть сформировавшиеся пищевые привычки, своего рода зависимость от еды. Единственное средство борьбы с ней — научиться делать осознанный выбор. Я, например, руководствуясь своими знаниями, целями и пониманием сути процесса, составляла график своего питания таким образом, чтобы обе части моего организма чувствовали себя комфортно. С учетом обменных процессов в организме перерывы между приемами пищи у меня составляли два — два с половиной часа. Между завтраком, обедом и ужином (не позже семи часов вечера) появились перекусы в виде яблок, огурцов, других овощей и фруктов, которые можно куда-нибудь брать с собой. Вес все уменьшался, и я наконец-то смогла вернуться к работе, по которой основательно соскучилась.

Через четыре с половиной месяца, в декабре 1990 года, моя свекровь вышла на пенсию и смогла посвятить себя внуку и внучке. А у меня появилась возможность улететь в Санкт-Петербург, чтобы там обучиться теории и практике нового вида спорта — шейпинга. Федерация шейпинга тогда только начала функционировать. Там были врачи из Питера и трое москвичей. Меня больше всего интересовало изменение физиологии женского организма с помощью шейпинга. Мы три недели изучали программы психологического и антропометрического тестирования, составление программ тренировочного процесса, как универсальных, так и индивидуальных, с учетом особенностей телосложения. Тогда же появились и первые программы питания. Конечно, давались они на примитивном уровне. Но все равно это было интересно. Я люблю аккумулировать знания, и вкупе с теми, которые я накопила при работе над собой, получила из литературы, их хватило для разработки моих собственных программ питания.

Вернувшись в Москву, я сначала два, а потом три раза в неделю работала в одном из первых фитнес-центров «Корона-шейпинг» на Стадионе Юных пионеров. Тогда их было всего три: самый большой зал — в Орехове-Борисове, второй — на Коломенской, а третий — у нас. Мы, врачи, обучившиеся в Питере, были распределены по этим центрам.

Тогда это было новое направление, и мне нравилось им заниматься. Что показательно — к нам пошли женщины, которым было за сорок. Почему? Потому что в эпоху формирующихся рыночных отношений они начинали чувствовать себя неуютно на своих рабочих местах, несмотря на опыт, знания и прочий багаж. Молодежь наступа-

129

ПОХУДЕЙ СО ЗВЕЗДАМИ

ла на пятки, а им хотелось сохранить физическую форму или обрести ее, укрепить здоровье. Ведь излишняя масса тела — это и ишемическая болезнь сердца, и артериальная гипертензия, а то и сахарный диабет. В общем, нужно было комплексно заниматься людьми, чтобы они не просто потеряли вес, но и откорректировали свою фигуру за счет физической нагрузки. Имелось тридцать восемь программ, которые не разрешалось переписывать, тиражировать, давать клиентам (конкуренция!). Правда, к ним составлялись еще индивидуальные программы тренировок, чтобы люди имели возможность какое-то время заниматься и дома.

Маргарита Королева со своей новой книгой

Постепенно формировались и расписывались не только программы тренировочных занятий. Я разрабатывала и корректировала программы питания в соответствии со своими наработками. С каждым из занимающихся я либо встречалась на тренировках, либо они приходили ко мне раз в две недели, чтобы по результатам тренировок корректировать программу питания.

В те дни, когда я работала, я и сама с удовольствием занималась шейпингом. Во время перерыва шла в зал и тренировалась. Попробовала абсолютно все виды нагрузок, тесно общалась с тренерским составом. И в конце концов добилась и своих результатов, и помогла достичь успеха тем, кто занимался в «Короне».

Однако для того чтобы качественно, красиво контурировать тело, требовались специальные физиотерапевтические процедуры. А их в нашей стране тогда еще фактически не было. Физиотерапия как наука и направление медицины, конечно, существовала, но в приложении к эстетической медицине использовать ее было невозможно. Не было ни современной аппаратуры, ни методик. Люди сложены по-разному и в большинстве своем хотят быть пропорциональными. А кожа, особенно у людей возрастных, теряет свои регенеративные, эластические функции. С помощью одних физических нагрузок подтянуть ее при снижении веса не удавалось.

В начале 1991 года в одном из первых косметических журналов «Косметика интернейшнэл» было опубликовано предложение: поехать во Францию в один из институтов, который занимается эстетической косметологией, чтобы изучить новейшие подходы к изменению формы тела. Я тогда еще не вышла на работу в институт, формально была в декретном отпуске. Мы с мужем согласовали эту поездку, долго собирали документы, и я уехала во Францию.

Мне было очень интересно учиться там, я искала что-то, что может действовать и на кожу, и на подкожно-жировую клетчатку, чтобы обеспечить качественное снижение веса с точки зрения эстетики, потому что не всегда результат снижения веса был удовлетворите-

131

лен. Увидев себя в зеркале после похудения, сорока пяти — пятидесятилетняя женщина, у которой способности кожи к сокращению зачастую снижены, могла расстроиться. Физической нагрузки для качественного лифтинга не всегда хватало.

Я провела там десять дней, занимаясь с тремя педагогами, рассказывавшими о самых современных в то время физиотерапевтических подходах, которые позволяли корректировать фигуру. И именно из той поездки я впервые привезла аппарат, который имел две функции: электролиполиз и лимфодренаж. Он был небольшой, так что удалось его провезти ручной кладью. Самым активным образом я стала использовать этот прибор для лечения целлюлита, для уменьшения объемов тела. Жир ведь выходит из клеток, попадает в межклеточное пространство, и его надо оттуда убирать. А человеческая лимфодренажная система не готова к тому, чтобы принять такое количество фрагментов клеток и их содержимого, и требует помощи. Для меня лимфодренаж в то время стал в определенном смысле революционным методом. Через восемь-девять месяцев, когда я уже активно интересовалась этими процессами, итальянская компания Vipline представила аппаратуру, которая была направлена на активизацию работы мышечной ткани. Не только на обычное сокращение мышц, но и на торсионное скручивание — такое напряжение мышц, которого в природе достигнуть невозможно. Как бы мы ни вставали буквой «зю», как бы ни напрягались, все равно наша анатомия нам этого не позволит. А высококачественная аппаратура стимулирует мышцы к тому, чтобы они сокращались в неестественных направлениях. Сама мышца не имеет энергии для произведения такой работы, поэтому растрачивает энергию близлежащих тканей. В том числе и жировой. Мышца приходит в хорошую форму, а подкожно-жировая клетчатка уменьшается. Эта процедура назначалась людям, которые приходили в фитнес-клуб, занимались там, худели, а физиотерапия помогала им вылепить фигуру. Такие аппаратные методики

направлены на коррекцию фигуры человека, причем в локальных

проблемных зонах, при сохранении объемов в тех местах, где люди не были заинтересованы их терять. Очень хорошо и качественно подтягивалась кожа, приводились в тонус те мышцы, которые было сложно разработать на тренировках. Были и люди, которые раньше никогда не занимались спортом, и более того, не планировали им заниматься. Им хотелось просто полежать под аппаратами, чтобы измениться. Но тем не менее, изменяясь, они, помимо оздоровительных программ, получали комплекс знаний, которые заставляли их прибегать к физическим нагрузкам, чтобы удерживать полученный результат. Они уже вполне могли заниматься в общем зале, показать себя, свое тело, ничего не стесняясь, обладали необходимой физической выносливостью. А альянс тренерского состава и моих методик, предусматривавших сочетание тренировок с системой питания и физиотерапевтическими процедурами, позволял потихонечку «лепить» людей. Изменять их пищевое поведение, отношение к себе, к своему здоровью, к своему телу. И, в конце концов, они учились противостоять тем особенностям, иногда не самым позитивным, с которыми родились.

Даже выйдя на работу (а была я в то время уже кандидатом медицинских наук и ассистентом кафедры), я сохранила свое рабочее место в «Короне-шейпинг». Конечно, трудно было разрываться на части, но приходилось работать, что называется, «на износ». С утра трудилась в институте, а в три часа уже приезжала в «Корону». Мне было очень интересно работать с людьми. Многие из них не обладали абсолютным здоровьем, имели различные патологии. И я обязана была все это учитывать и помогать своим подопечным. Поскольку я по специальности кардиолог, то даже сейчас могу, к примеру, скорректировать употребление антигипертензивных или антиаритмических препаратов, а тогда уж тем более широко использовала свои медицинские знания. Сейчас, конечно, когда ко мне приходят пациенты, я контактирую с их лечащими врачами, кардиологами, эндокринологами, и мы вместе занимаемся процессом оздоровления.

ПОХУДЕЙ СО ЗВЕЗДАМИ

Я много практиковалась во Франции, два раза проходила обучение в университете Бордо, работала в пяти клиниках в Париже и в одной в Сен-Жермене. Собирая по зернышку знания во многих странах мира, старалась применять их, учитывая особенности нашей страны.

Еще раз отмечу: свою систему питания я создавала, учитывая собственный опыт снижения избыточной массы тела. Потом были клиенты, пациенты, занимавшиеся шейпингом, им расписывались программы. Тогда и пошел разговор об избыточной массе тела, базовом питании, разгрузочных днях. Физиология человека такова, что он быстро приспосабливается ко многому, к базовому питанию в том числе. Организм как разумная саморегулирующаяся система иногда переходит на так называемое весовое плато, чтобы адаптироваться к имеющимся результатам. Перестраиваются в этот период и сердечно-сосудистая и эндокринная системы. Вес в это время «стоит». А нашему человеку ведь необходима динамика. Он начинает волноваться. Весовое плато у всех может быть индивидуальным. У кого-то вес может стоять две недели, у кого-то месяц, у кого-то больше. И чтобы человек не сошел с дистанции, не сорвался, не потерял уверенности в себе, необходимо придавать процессу динамику, корректируя при этом питание. Поэтому появилась система разгрузочных дней, проработанная под любое самочувствие человека, под любые гормональные процессы, привычки, особенности, пристрастия. Отработка базового питания и разгрузочных дней должна становиться частью жизни человека. Умеет же больной бронхиальной астмой избегать аллергенов или простудных факторов, а язвенник — регулярно питаться и учиться управлять стрессами, противостоять им...

Тенденция к набору веса — такая же наследственная особенность, как цвет волос или цвет глаз. Если человек умеет управлять своими способностями, талантами, он точно так же сможет управлять и собственным весом. Если он не научится этому сам, его нужно направлять.

Рита. Королева диетологов

С каждым человеком решается очень много психологических вопросов. Он должен научиться познавать себя, изучить «инструкцию
пользования» своим организмом. Я ни в коем разе не стараюсь при-
вязать людей к себе, наоборот, стараюсь дать им такие знания, которые они смогли бы применять в обычной жизни, где бы они ни находились. Понимание выбора питания, выбора физических нагрузок и,
самое главное, формирование способности удержать достигнутый
результат.

В начале девяностых передо мной ребром встал вопрос: продолжать ли сочетать работу на кафедре в медицинском институте с ре-
гулярным трудом в центре шейпинга, где у меня к тому времени уже
был кабинет с аппаратурой? Конечно, отказываться в то время от места в государственной организации, где были и приличная зарплата,
и отличный коллектив, и социальный пакет, не хотелось. Тем более
что далось мне это место совсем не просто. Я была отличницей во
время учебы, и меня, единственную из своей группы, сразу пригласили в клиническую ординатуру. На потоке этого добились всего несколько человек, другие стали интернами. Работа была интересной,
перспективной. К тому же я почти сразу вышла на вторую профессиональную категорию. Но заработки в «Короне» были выше. Муж трудился в двух организациях — на кафедре физкультуры Первого
медицинского института и в одной из клиник Третьего главного уп-
равления Минздрава. И быстро стал заведующим отделением. Но я
получала больше, чем он. Тогда, в 1995 году, я хотела остаться на кафедре на полставки, но сделать это было невозможно. Пришлось
мне, скрепя сердце, уйти с головой в частный бизнес. Тогда у меня в
кабинете было всего два аппарата физиотерапии. Сейчас их, кстати,
более пятидесяти.

Мы начинали собственный бизнес вместе с сестрой (мы близне-
цы) и вскоре создали большую по тем временам (триста квадратных
метров) красивую клинику, где проработали вместе полтора года. Но
когда семь лет тому назад наши пути разошлись, мне пришлось оста-

135

вить ей и саму клинику, и аппаратуру. Вот только все до одного сотрудники ушли вместе со мной. И я начала все сначала. Конечно, если бы не друзья, ничего бы не получилось. В тот момент меня здорово поддержала Елена Гагарина, дочка первого космонавта, руководящая музеями Кремля. Она помогла мне арендовать небольшое помещение (чуть больше ста метров) на Волхонке. Помещение, конечно, старое и требующее ремонта, на четвертом этаже без лифта, зато в непосредственной близости от Кремля. Как выяснилось позже, эта близость не всем нравилась...

Трудно поверить, но за четыре дня мы сделали в помещении косметический ремонт, привезли аппаратуру, частью купленную в кредит, а частью взятую в лизинг. И на пятый день уже начали работать. Конечно, помогали в ремонте рабочие, реставрировавшие Кремль. В клинике не было горячей воды, мы закупили бойлеры и поставили душевые кабины. Было всего три кабинета, один из них — физиотерапевтический на пять коек, разделенных ширмами. Но у меня осталось самое главное — мой коллектив. И прежняя клиентура постепенно снова перешла ко мне. Было среди моих гостей очень много влиятельных и известных людей. Крупный государственный чиновник мог принимать физиопроцедуры рядом с олигархом. Интересно было видеть, как они встречались, выходя из клиники... Кстати, никого из этих известных, «раскрученных» и, как говорят сейчас, «пафосных» людей не волновало, что нужно пешком подниматься на четвертый этаж и проходить процедуры в довольно тесном помещении. Они приходили ко мне за здоровьем и получали его.

А потом с Волхонки пришлось уехать. Ведь ко мне приезжали люди и на «Майбахах», и на «Бентли», да еще с вооруженной охраной человек по шесть-восемь, и все это в ста метрах от Боровицких ворот! Компетентные органы — назову их так — заинтересовались нашим контингентом. И дали Елене Юрьевне Гагариной понять, что около резиденции главы государства не место гражданам с оружием. К тому же близилось празднование двухсотлетия музеев Кремля, а

136

перед такими юбилеями, понятное дело, никакие конфликты никому не нужны. Да и внимание к околокремлевским нежилым помещениям тоже усилилось.

Моя клиника переехала на Малую Никитскую улицу, в помещение, имевшее даже медицинскую лицензию, правда, только как стоматологическая клиника. Лицензия — это отдельная история, она требует и времени, и денег. Но главный недостаток этого помещения состоял в том, что арендодатели практически сразу стали пытаться мной манипулировать. Повышались арендные платежи, несмотря на подписанный договор, а когда клиника приобрела широкую известность, меня начали буквально «выдавливать» оттуда. В один прекрасный момент мне просто объявили: «Вали! Мы будем теперь делать то же

Рита Королева и ее пациентка Элина Быстрицкая

самое. У нас тут все есть, ты нам не нужна». Более того, хозяева приступили, как бы это помягче сказать, к «жестким недружественным действиям». Помогла мне в этой ситуации одна из силовых структур — взяла под охрану. В конце концов, я перебралась на Петровку, а в этом году открыла еще одну клинику на Ленинградском проспекте.

Теперь расскажу о том, что представляет собой мой Центр эстетической медицины, как работает система питания и коррекции излишней массы тела сегодня. И почему, в конце концов, ко мне приходят звезды...

Звезды, точно так же, как и все мы, живут не в вакууме. Конечно, есть определенные барьеры, которые отделяют их от поклонников. Но у них все равно довольно широкий круг общения. И чаще всего известные люди приходят ко мне не потому, что увидели какую-то телепередачу, прочитали статью в газете или зашли на мой сайт. Самый верный и короткий путь — это рекомендация друзей, знакомых, коллег, тех, кто уже лечился у меня и достиг желаемого результата. Я не буду раскрывать всех взаимосвязей — кто и каким образом появился в моей клинике. Но в качестве примера приведу одну из таких цепочек. У меня несколько лет назад проходила курс коррекции веса Анита Цой. Многие помнят, как она изменилась, обрела замечательную физическую форму, и это, как она считает, серьезно помогло ее карьере. К ней лет пять назад обратился Коля Басков, у которого были тогда серьезные проблемы с весом. Анита рекомендовала ему встретиться со мной и обсудить возможность избавления от излишней массы тела, и вот мы уже несколько лет работаем с ним, причем он похудел на восемнадцать килограммов, а сейчас успешно корректирует свой вес по мере необходимости. Коля в свою очередь в прошлом году рассказал о моей клинике Элине Быстрицкой, нашей выдающейся актрисе. Сейчас и она — моя пациентка, причем делает впечатляющие успехи...

Я не даю рекламу в разных изданиях, не готовлю ролики для телевидения. Мне не нужны заказные статьи или растяжки по всей Москве. Когда меня приглашают на радио или ТВ, я в большинстве случаев соглашаюсь участвовать (за исключением уж совсем не подходящих по жанру передач). Я не отказываю журналистам в интервью и не имею секретов от широкой публики. Мой главный секрет — это большая работа и профессиональное отношение к своему делу. Я стараюсь делать его как можно лучше и рада, что у меня это получается.

В моих клиниках имеется практически полный набор самого современного оборудования: физиотерапевтические, косметологические аппараты, тренажеры, несколько видов бань — от японской до финской. У меня есть свой небольшой ресторан, где мои пациенты могут перекусить, налажена система доставки «Королевского рациона». И конечно, я работаю над совершенствованием методики, над новыми системами питания, чтобы идти в ногу со временем.

Но самое важное для меня — это люди. Причем, говоря о людях, я имею в виду и пациентов, и своих сотрудников, многие из которых работают со мной с момента основания клиники. Наверное, это мой главный капитал, поскольку какой-то аппарат или тренажер можно купить, а настоящего специалиста надо вырастить. И уметь не только работать с ним вместе, но и сохранять нормальные человеческие взаимоотношения.

Когда я работала над своей книгой «Путь к стройности», то подготовила ряд рекомендаций для тех, кто решил вести здоровый образ жизни. Привожу их и в этой книге:

1. **Начните с радостного предвкушения. Поставьте перед собой не иллюзорную, а вполне реальную цель. Верьте, что именно вы ответственны за то, насколько быстро и качественно она осуществится.**
2. **Получите необходимый объем информации о состоянии вашего здоровья от лечащего врача и проанализируйте ее.**

3. Составьте план, который включает этапные цели и непосредственные действия (переход на рациональное питание, отказ от излюбленных, но вредных продуктов, увеличение двигательной активности).

4. Не стремитесь к тому типу фигуры и той идеальной массе тела, которые подчас искусственно навязывают глянцевые журналы и реклама.

5. Не ешьте, если вы не голодны. Не становитесь рабом собственных вкусовых рецепторов.

6. Никогда не голодайте. Чтобы предупредить голод и скорость вашего метаболизма, питайтесь дробно, но небольшими порциями.

7. Старайтесь утолять голод полезной пищей. Здоровая пища является единственной, которую стоит употреблять.

8. Остерегайтесь продуктов интенсивной обработки. Учитесь читать этикетки.

9. Не ходите голодными за продуктами. Покупайте их согласно заранее подготовленному списку.

10. Постоянно контролируйте все, что связано с питанием. Этот процесс требует терпения, любви к себе и самостоятельности.

11. Действуйте постепенно, спокойно и последовательно. Потребуется время, ваше упорство и сотрудничество с близкими вам людьми, которые присоединятся к разумным и здоровым переменам в питании, осуществляемым вами окончательно и бесповоротно.

12. Повышайте общую двигательную активность. Программа физических упражнений в сочетании с рациональным питанием значительно улучшит ваши результаты.

13. Главная задача — удержание результата и закрепление успеха. Продолжайте постоянно работать над собой. Помни-

те всегда ту причину, которая заставила вас изменить свою жизнь.

14. **Нельзя успешно похудеть только за счет временной диеты. Необходимо изменить свой рацион навсегда. Это единственный надежный путь.**

15. **Не бойтесь трудностей. Желание быть другим даст силы не отчаиваться, верить в себя и продолжать искать шаг за шагом свои пути решения и преодоления проблем.**

16. **Будьте бдительны. Не попадитесь на удочку продуманного маркетинга и гипнотизирующей рекламы профессиональных распространителей очередного «быстрого и безопасного метода сжигания жира».**

17. **Будьте позитивны и общайтесь с позитивными людьми.**

18. **Помните, что счастье — это осознание роста. Растите над собой, познавая себя и черпая бесконечные ресурсы для счастья не откуда-нибудь, а из себя.**

19. **Познавайте себя, снова и снова ставя себе новые цели и открывая в себе новые возможности.**
Будьте счастливы!

Скорее всего, Маргарита Королева — это самый продвинутый и обеспеченный необходимыми ресурсами диетолог в нашей стране. И, уверен, не только в ней. Я общался с ней в течение как минимум полугода и, что интересно, ни разу не высказал желания похудеть по ее методике. И мудрость Маргариты Васильевны (честно говоря, у меня язык не поворачивается называть эту молодую и очаровательную женщину по имени-отчеству)... Мудрость Риты была и в том, что она с интересом и уважением относилась к тому, как я работаю над собой. Мы много говорили о различных подходах к проблеме избавления от лишнего веса, и Королева никогда не навязывала мне своего мнения. Да, рассказывала, убеждала, иногда очень страстно и эмоционально, но не давила, хотя имела полное право это делать (все-таки, я был гостем, а она хозяйкой). Как говорят в народе, в чужой монастырь со своим уставом не ходят...

Рита умеет убеждать. И даже таких людей, как звезды шоу-бизнеса, у которых зачастую отвратительный характер и завышенная до небес самооценка. Она заставляет поверить в возможность того, что кажется людям невозможным. Более того, Рита умеет делать это невозможное, причем в своем собственном стиле, мягком, нежном, обволакивающем. Но за всей этой мягкостью и кажущейся уступчивостью стоят стальная воля, быстрый ум и глубокие знания.

Может быть, когда-нибудь я обращусь к Рите с просьбой поработать со мной. А возможно, и нет. Но, думаю, в любом случае теплые и уважительные отношения у нас с ней сохранятся.

НИКОЛАЙ БАСКОВ. ГЛАМУРНОЕ ПОХУДЕНИЕ

С каждым годом здоровье требует от нас все большей отдачи. Господь наделяет человека здоровьем, но потом над ним надо работать. Поэтому просто трудитесь над собой. Отказывайте себе в чем-то ненужном и сосредоточьтесь на том, что полезно для вашего организма, а значит, для вашей жизни...

Конечно, посредством диет и тренировок похудеть можно, но удержать результат тяжело, поэтому, в течение уже лет десяти находясь в состоянии постоянной борьбы с лишними килограммами, я придумал для себя определенный способ взаимодействия со своим организмом. После того как мой «похудательный» процесс закончился и организм пришел к определенной норме, я, например, в течение месяца или двух могу совершенно отказываться от вечерних приемов пищи — ни йогурта, ничего, только вода, зато один раз в неделю позволяю себе наесться от пуза, как говорится, позволить себе все что угодно. Так я «обманываю» организм, он не накапливает ничего, поскольку «понимает», что у него будут определенные дни, в которые он получит все, что душе угодно. После длительной подготовки организма — собственно, основного похудания — я не испытываю стресса от ограничения калорий, не чувствую голода. И, самый главный секрет — это обильное питье.

Самым популярным и раскрученным персонажем проекта «Комсомольской правды» «Худеем со звездами!» стал Николай Басков. Наверное, в нашей стране нет ни одного находящегося в сознательном возрасте человека, который не слышал бы о Баскове. Его известность в течение последних десяти лет лишь возрастала, и, казалось бы, дополнительная раскрутка ему вообще ни к чему. Во всяком случае, я думал так, когда коллеги предложили мне пригласить Николая в проект в качестве, так сказать, «локомотива». Идея могла бы оказаться неудачной, если бы не два фактора: артист за зиму несколько поправился и хотел сбросить вес, к тому же он настоящий профессионал и ничего не имеет против дополнительной рекламы (тем более бесплатной).

Мы поставили перед собой несколько задач: подобрать интересную тему, сделать так, чтобы работа в проекте не отнимала у певца много времени, а также найти какие-то новые и интересные черты в, казалось бы, всем известном и понятном образе Баскова.

Верная помощница Николая Марина Наумова знает о своем подопечном практически все: где был, что пил, что ел, какие у него планы и прочее. И естественно, она сразу озвучила мне предпочтения артиста. Не то чтобы условия работы были очень жесткими, но ограничения все-таки существовали. Во-первых, в начале проекта Басков абсолютно не хотел сниматься в спортивном костюме, не говоря уж о том, чтобы «обнажить плечико». А гигантская армия поклонников тенора жаждала новых фотографий кумира в необычном виде. Все фотографии перед выходом проекта должны были по электронной почте пересылаться певцу, чтобы он мог отобрать понравившиеся.

Ну и тексты, естественно, требовалось согласовывать, хотя, с учетом моей квалификации и нормальной репутации, мне в этом смысле сделали послабление.

Поскольку Басков ко времени начала проекта находился отнюдь не в гигантском весе, мы формально определили его задачу так: «сохранить свой вес и при возможности сбросить до пяти килограммов». Выполнять свою задачу Николай должен был в Центре эстетической медицины Маргариты Королевой, где мы несколько раз проводили с ним встречи и фото-видеосъемки. Замечу, что под наблюдением Королевой он находится уже довольно давно — более пяти лет. Чита-

Этот совсем не гламурный
ребенок – Коленька Басков

ПОХУДЕЙ СО ЗВЕЗДАМИ

тели помнят, наверное, каким пухлым молодым человеком был Николай в 2004 году. Так вот, начав худеть по методике, разработанной Маргаритой Королевой, он за несколько месяцев потерял восемнадцать килограммов. И старался удерживать достигнутый результат, но время от времени срывался и набирал немножко лишней массы, что его (и Риту) крайне расстраивало.

А как не прибавлять в весе при такой насыщенной жизни? Гастрольный график Баскова предусматривает множество выступлений в разных концах света, расписанных на полгода, а то и на год вперед. Он, как публичный человек, принимает самое активное участие в съемках десятков телевизионных программ, играет в кино, участвует в светских тусовках, репетирует, записывается в студии — в общем,

Уж чего-чего, а прилежности Коле хватало всегда…

трудится. А все сопутствующие работе мероприятия — обеды, ужины, банкеты, афтер-парти и прочее (особенно за рубежом) — таят в себе множество соблазнов. Везде свой стиль жизни, свои кулинарные изыски, а Баскову, как вы понимаете, предлагается все самое лучшее и самое вкусное. Побывать на Украине и не отведать сала, не попробовать «Киевский» торт? Это же садомазохизм какой-то!

Маргарита Королева, кстати, очень трепетно относится к этому своему пациенту. Она вообще любит всех, с кем работает, но Николай для нее человек особенный. Неоднократно бывая с ним на каких-то светских мероприятиях, торжественных ужинах, она заметила, что сам себе на тарелку он никогда не кладет «вредную» еду, зато если ему что-то уже положили, съест без всяких угрызений совести. Угрызения появятся потом, когда он встанет на весы и увидит прибавку в весе.

Проект наш шел замечательно, Коля следовал рекомендациям своего диетолога, да еще подоспела программа питания под названием «Королевский рацион». В зависимости от того, какие цели преследуются в данный конкретный период, он может быть нескольких видов — «Королевская легкость», «Королевское изящество», «Королевская стать», «Королевская сила» и так далее. Ежедневный рацион продуктов готовится на кухне известного московского ресторатора Аркадия Новикова, упаковывается в специальные коробки и доставляется VIP-клиентам. А чтобы клиенты не забывали, когда им нужно съесть то или иное блюдо, Рита Королева наладила систему СМС-оповещения. То есть в нужное время специальная программа, управляющая режимом, отправляет, например, Баскову, сообщение: «Уважаемый Николай Викторович! Вам пора обедать!»

Коля подошел к участию в проекте более чем ответственно. За период с апреля по сентябрь 2010 года он похудел на семь с половиной и стал весить почти семьдесят восемь. В принципе, это уже физиологическая норма, однако совершенству нет предела. И Николай продолжал оттачивать свои формы на тренировках.

ПОХУДЕЙ СО ЗВЕЗДАМИ

Но успех нашего проекта вызвал ответную реакцию конкурирующих изданий. Хотя о какой конкуренции может идти речь? «Комсомолка» — самая массовая ежедневная газета России и СНГ с тиражом в три миллиона экземпляров. Но все-таки нас попробовали «укусить».

14 июля 2010 года в газете «Жизнь» появилось «только что взятое интервью» с Николаем Басковым, в котором он «рассказывает» о том, что с ним происходят страшные вещи. Выбранная им диета якобы чуть не убила его, ему пришлось даже вызывать «скорую». И еще

150

Все тайное становится явным. Март 2010. Басков — 95 кг, Богомолов 192 кг в статье упоминалось о некогда сделанной Николаем липосакции...

А потом одна за другой появились статьи с пугающими названиями: «Николай Басков чуть не умер из-за диеты», «Российский тенор так увлекся диетами, что едва не умер», «Николай Басков дошел до точки с похудением», «Николая Баскова чуть не убила диета» и прочие. Печатные и интернет-издания перепечатывали отрывки из «интервью», приукрашивая их все более жуткими подробностями. В одной из газет появилась информация о том, что у Баскова развивается отек мозга. Скажу честно, не нужно даже обладать обширными знаниями в медицине, чтобы понимать: отек мозга — крайне опасное осложнение, часто кончающееся летальным исходом.

Я, как ведущий проекта «Худеем со звездами!», где тенор действительно худеет, причем под бдительным оком читателей, конечно, был несколько обеспокоен. При том что я знал повадки некоторых коллег-журналистов, особенно из желтых изданий. Если верить этим не совсем добросовестным гражданам, то получалось следующее: мы с

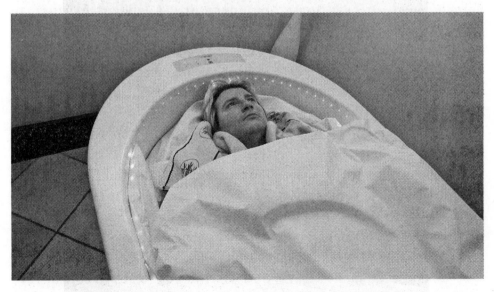

Вот так народный артист расслабляется в Центре эстетической медицины Маргариты Королевой. Апрель 2010 г.

151

ПОХУДЕЙ СО ЗВЕЗДАМИ

Маргаритой Королевой, затеяв публичное похудение Баскова, чуть не довели до гибели в расцвете лет любимца публики. Это было совершенно явным выпадом в адрес Королевой, попытка посеять сомнение в ее квалификации (хорошо еще, что в этой связи не упомянули смерть Ромы Трахтенберга). Да и моя репутация человека, ратующего за безопасное похудение под наблюдением врачей, ставилась под вопрос. А уж как волновались поклонники певца, осаждавшие его сайт, и читатели, задававшие мне на форуме «Комсомолоки» вопросы о его здоровье...

Я решил, что надо предпринимать ответные действия и в первую очередь выяснить все у самого артиста. Ведь бывают какие-то пиар-ходы, которые придумывают знаменитости, чтобы их имя оставалось на слуху. Часто они готовы вместе с прессой раздуть до неимоверных пределов даже небольшое недомогание. И я позвонил Баскову.

Коля оказался на гастролях в Израиле, причем поймал я его за пять минут до вылета в Лос-Анджелес. Рассказал ему ситуацию, и мы договорились, что как только он прилетит в Америку, отдохнет, то сразу позвонит мне домой.

Николай позвонил мне в два часа ночи в воскресенье, только проснувшись на другом краю света после долгого перелета и недолгого отдыха. Чтобы не интриговать более читателей, привожу полный текст нашего разговора:

«— Леша, привет! Извини, что поздно звоню, я только проснулся. Тут утро у нас.

— Привет, Коля! Ты знаешь, что тебя у нас уже почти похоронили? Да еще с нашей помощью. Одни заголовки чего стоят: «Николай Басков чуть не умер из-за диеты» «Николай Басков: от этой диеты я чуть не умер». И ссылаются на твое интервью газете «Жизнь»...

— У меня не было интервью газете «Жизнь».

— А корреспондент газеты, отмечая, что у него это уже не первое интервью с тобой, якобы спрашивает тебя: «Правду говорят, что ты от этой диеты едва не помер?» А ты и отвечаешь: «Правда! У меня

Басков пробует «Королевский рацион»

начались такие дикие боли, что я готов был повеситься. Болело все тело! Желудок был словно набит гвоздями, которые, как мне казалось, прокалывали его. Но зато какой эффект! Сам видишь. За неделю я сбросил почти пять килограммов, потом еще шесть, затем частями по четыре и три».

— Нет, это было старое-старое интервью, когда я, чтобы похудеть, сел на жесткую диету, да еще без наблюдения врача. Это было давным-давно, шесть или семь лет назад. Было у меня такое, что я, ни с кем из медиков не советуясь, сам выбрал диету и решил заняться избавлением от собственного веса. Начитался всякого в Интернете и решил попробовать. А потом нашел диетолога, встретил Маргариту Королеву. Из-за того, что у меня были неправильные подходы к питанию, я, как неразумный человек, лишил себя витаминов, очистительных процедур, у меня начались проблемы. Я нашел профессионала и стал советоваться с ним...

153

ПОХУДЕЙ СО ЗВЕЗДАМИ

У меня давно уже нет никаких проблем ни с диетами, ни с желудком. А публикация — просто выдранные из контекста слова из интервью, которое состоялось шесть лет назад.

И второе: журналист, наверное, немного ошибся. Я никогда не делал липосакцию. Я готов, если кто-то сомневается, предоставить свое тело врачам для осмотра, потому что, думаю, рубцы после этого все равно остаются. У меня их нет. (Кстати, неоднократно видя Николая во время съемок в практически обнаженном виде, я никаких следов от хирургических вмешательств в области живота и боков у него не заметил. А я — человек крайне наблюдательный! — *А.Б.*)

— А еще сообщалось, что тебе пришлось вызывать «скорую», что у тебя начались дикие боли, и тебя выводили из этого состояния различными отварами и суспензиями...

— Нет, никакую «скорую» мне никто не вызывал. Я сам поехал к врачам. У меня действительно были резкие боли в животе. Тогда я подошел к диете непрофессионально, как профан. В результате пришлось лечиться. У меня были проблемы с кишечником. Я долгое время сидел на рисе, совершенно не зная, что желудок-то надо промывать или пить слабительное.

— А вот дальше: «Теперь я доверяю профессионалам. После моих диет я чуть не умер, так что теперь мне все расписывают личные диетологи». У тебя разве несколько диетологов?

— Нет, у меня уже давно один диетолог. Это знают и все издания, и все журналисты. Это Маргарита Королева. Лет пять назад я поделился своей проблемой с Анитой Цой, и она познакомила меня с Маргаритой Королевой. С тех пор я вместе с Ритой. И она была, есть и, думаю, всегда будет моим диетологом.

У меня есть одна особенность. Поскольку я выступаю на двух сценах сразу — на классической и на эстрадной, резкая потеря веса для меня была очень вредна в то время, о котором говорится в так называемом «интервью». У меня тогда начались даже проблемы с голосом, потому что я не мог, говоря профессиональным языком, «держать напряжение в регистре». Мне не хватало мощи поддерживать свой голос, так как диафрагме было не на что опираться. В общем, с моей стороны быстрая потеря веса была проявлением непрофессионализма...

И еще раз скажу: я не делал липосакцию! Это вообще противопоказано любому певцу, особенно классическому, поскольку вырезают большое количество полезных и нужных жиров.

— То есть журналисты несколько «осовременили» твое древнее интервью...

— Мне кажется, просто, наверное, пора отпусков, лето, вокруг происходит мало событий, которые привлекают внимание читате-

В японской бане — бочке офуро. Июнь 2010 г.

лей. И, вспомнив старую историю, которая была со мной шесть лет назад, ее решили вытащить наружу, тем самым привлечь внимание.

— Но самая замечательная фраза такая: «Баскова даже не останавливает тот факт, что резкое похудение не идет на пользу его организму. По словам певца, у него не было выбора. Мол, он должен был сбросить почти двадцать килограммов для съемок нового шоу и для гастрольного турне». И дальше цитата «из тебя»: «И я сознательно пошел на этот риск, выбрав уникальную по своей эффективности, но очень опасную диету»!

— Ты знаешь, это опять выдернутые фразы многолетней давности... Я мог сказать: «Я сознательно пошел на это», но не по поводу моей нынешней диеты. Как говорят, «если уж сгущать краски, то по полной программе»!

— А ты знаешь, что тебе «угрожает отек мозга, и ты на грани гибели», что у тебя постоянные головные боли, ты таскаешь с собой обезболивающие?

«В бане – великолепная акустика». Июнь 2010

— Головные боли у меня были всегда. Это моя профессиональная проблема. У меня после классических концертов или оперных спектаклей действительно бывает адская головная боль. У меня просто крупный голос, и он сильно отдает давлением в мозг. Я действительно пью обезболивающие почти десять лет. Но разные проблемы бывают у многих певцов. У кого-то очень болят ноги, от напряжения вылезают сосуды, кого-то мучают головные боли, у большого количества моих коллег с годами появляется и астма из-за проблем с дыханием.

Но у меня совсем не такой диагноз, как это видится некоторым журналистам, любящим сгустить краски. Мне очень приятно, что я был и остаюсь личностью, которой интересуется пресса и люди, которые любят меня и мое творчество, покупают газеты и журналы. Но я очень волнуюсь за своих поклонников, которые уже обвалили мой сайт в Интернете. Мне уже пишут письма врачи, всякие экстрасенсы, ясновидящие.

— То есть, никакого отека мозга у тебя нет?

— Нет, Леша, нет! Как говорил Марк Твен: «Слухи о моей смерти несколько преувеличены...»

Вот такая у нас с Колей получилась беседа. И привел я ее полностью с одной только целью — показать читателям, как в прессе могут интерпретироваться клочки информации и что из этого получается. Поэтому призываю всех относиться критично к рассказам некоторых журналистов о звездах, особенно когда речь идет об их здоровье.

Я же, как человек опытный и порядочный, сомнительными источниками никогда не пользуюсь, информацию перепроверяю, а чаще просто получаю ее из первых рук. Как например, для большинства материалов, собранных в этой книге...

Итак, мы с вами уже знаем, что в 2004 году, когда вес Николая Баскова перевалил за сто килограммов, он решил заняться собой. Ну а дальше — слово ему.

ПОХУДЕЙ СО ЗВЕЗДАМИ

«Мой первый опыт, как я уже рассказывал тебе, был не самым удачным. Более того, он даже мог закончиться трагически. Я вычитал в Интернете про «супердиету», которая заставит похудеть любого. Вот там только не говорилось, как ее применять и какой ценой может обойтись это похудение. И я начал есть вареный рис. День, два, три, неделю. В принципе, рис — хороший продукт, который может очищать желудок. Но желудку при этом надо помогать — либо слабительными, либо иными очистительными процедурами. А потом я неделю питался только курицей, а еще неделю фруктами — печеными яблоками. В Интернете эта диета называлась «звездной» и гарантировала десять-пятнадцать килограммов со знаком «минус» за три недели.

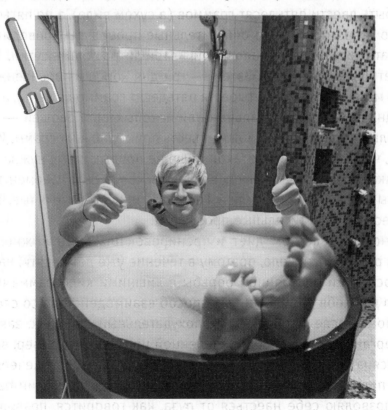

Вот Коле и стало хорошо!

Я действительно похудел, причем довольно прилично, но в середине третьей недели у меня появились резкие боли в животе. Пришлось обратиться к врачам. И они дней десять отпаивали меня различными отварами, настоями и прочим. Так закончилась моя самостоятельная попытка похудеть.

Теперь я уже знаю, как на самом деле худеют звезды. В том числе на подобной диете. Рис, во-первых, готовят особым образом: его на ночь замачивают (а я использовал сухой), а потом варят, сливая воду раза два. Тогда он получается мягким (но не размазней) и более вкусным. Рита Королева рекомендует добавлять в него кусочки фруктов. Во-вторых, питаться этим блюдом надо три дня. И риса должно быть двести пятьдесят граммов (в сухом виде), а не пятьсот! Да еще со второго дня надо очистительные процедуры проводить и не забывать пить по два с половиной — три литра воды в сутки. Тогда и будет нужный эффект. Затем — три дня хорошо проваренного куриного мяса (примерно четыреста пятьдесят граммов в день), а потом три дня фруктов (натуральных или печеных) или овощей — кому что больше нравится. Их можно съесть примерно килограмм. И не забывать, что ваш желудок к такой пище не привык и ему нужна помощь. Какая именно — решает врач. Это могут быть ферментные препараты типа «Мезима» или «Фестала», или слабительные, или всем известные очистительные процедуры.

Конечно, посредством диет и тренировок похудеть можно, но удержать результат тяжело, поэтому в течение уже лет десяти, находясь в состоянии постоянной борьбы с лишними килограммами, я придумал для себя определенный способ взаимодействия со своим организмом. После того как мой «похудательный» процесс закончился и организм пришел к определенной норме, я, например, в течение месяца или двух могу совершенно отказываться от вечерних приемов пищи — ни йогурта, ничего, только вода, зато один раз в неделю позволяю себе наесться от пуза, как говорится, позволить себе все что угодно. Так я «обманываю» организм, он не накаплива-

ПОХУДЕЙ СО ЗВЕЗДАМИ

ет ничего, поскольку «понимает», что у него будут определенные дни, в которые он получит все, что душе угодно. Поле длительной подготовки организма — собственно, основного похудания — я не испытываю стресса от ограничения калорий, не чувствую голода. И самый главный секрет — это обильное питье. Я пью до четырех литров воды в день. Я не стесняюсь останавливать машину и заходить в какие-то заведения, кафе, чтобы сходить в туалет, потому что наш организм очень нуждается в воде, которая в буквальном смысле «промывает» его. И пью только воду. Ни чай, ни кофе, ни соки не заменяют ее.

На самом деле внутри пластиковой капсулы вакуум, а Басков крутит педали велотренажера. Июль 2010 г.

Николай Басков. Гламурное похудение

С Маргаритой Васильевной мы знакомы давно. Я упоминал, что рекомендовала мне к ней обратиться Анита Цой. Глядя на то, как она сумела привести себя в порядок, я, конечно, с благодарностью согласился. И сумел похудеть на восемнадцать килограммов. В то время были сняты мои самые любимые клипы — «Сердце», «Ты далеко», «Отпусти меня». Но мне приходилось уезжать за границу на оперные постановки, и там я добирал вес, поскольку не следовал самой главной рекомендации Маргариты Васильевны. Она считает, что в жизни каждого человека должен присутствовать спорт. Или ходьба — по городу либо на тренажере. Если вы будете каждый день хотя бы по часу ходить, утром, вечером, дома, на улице, надевая что-нибудь теплое, чтобы пропотевать, то, конечно, организм через какое-то время начнет отдавать то, что накопил. Не силовые тренировки, а ходьба и обильное питье.

Рита — превосходный психолог, замечательный человек и красивая женщина. Глядя на нее, понимаешь, что в любом возрасте человек может привести себя в хорошую форму. Посмотрите, как выглядит Элина Быстрицкая! Я порекомендовал ей прийти к Королевой, и сейчас, в свои восемьдесят с небольшим, она прекрасно себя чувствует. Это, конечно, воздействует и на окружающих, и на публику, и на себя самого: ты можешь, не стесняясь, посмотреть в зеркало, можешь прийти в магазин и выбрать ту вещь, которая тебе нравится больше всего...

Когда я нахожусь за границей, единственное, что помогает мне поддерживать форму, — это отказ от еды на ночь. Бывает, что приходится много и неправильно есть и днем, и на банкетах, и в ланч (я часто бываю в Испании и знаю, что такое сиеста). Конечно, трудно отказаться от еды, которую там подают. Испанская паэлья, правильно приготовленная — это чудо! Но я стараюсь, к примеру, заказывать паэлью исключительно на основе морепродуктов. И вкусно, и полезно! Ведь можно наесться белковой пищей с овощами, а не питаться десертами, сладостями, жирным мясом! И, следуя советам своего диетолога, я в поездках не бросаю спорт. Если есть возможность, хожу на беговой дорожке прямо в гостинице, в спортзале.

161

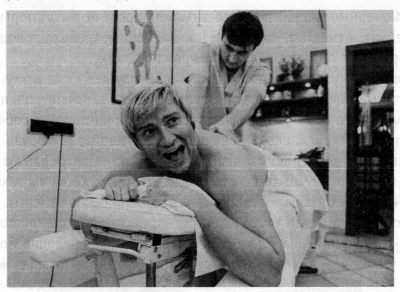

После трех месяцев в проекте «Комсомолки» «Худеем со звездами!»
Басков не стесняется сниматься в любом виде

Раз в неделю я делаю разгрузочные дни. Но иногда приходится «разгружаться» по мере необходимости. Бывает разгрузка на соках, бывает на рисе (теперь меня это не пугает). Еще интересный вариант — яичные белки с грейпфрутами. Очень быстро помогает восстановить организм, почувствовать легкость. Кстати, на ночь я не люблю наедаться, поскольку потом трудно вставать утром. Мне это тяжело. Да и голос после ночных переедания долго «просыпается». А я профессионал и должен всегда находиться в рабочем состоянии.

Когда приходится петь классику, я перед концертами стараюсь не менять вес резко. Диафрагма привыкает к определенному размеру желудка, поэтому важно, чтобы он был постоянным. Для оперного певца главное не вес — дело в мышцах, которые отвечают за поддержку дыхания и за нагрузку. При тяжелом режиме оперных певцов, когда боишься в любую минуту сбить дыхание или пропотеть, простудиться, ты привыкаешь к минимальным физическим нагрузкам. И оперные певцы прошлого позволяли себе не быть спортивными. Сейчас, к счастью, мир меняется, и на сцене требуются подтянутые, красивые герои тех или иных произведений.

А поесть вкусно я очень люблю. Неравнодушен к сладкому, в частности мороженому. И еще обожаю картошку, запеченную в духовке с луком. Это то, от чего я отказаться не могу, и все равно себе позволяю. Хотя и очень редко. Мне нравится у Маргариты фраза: «Никогда себе ни в чем не отказывайте, но... знайте меру!» Бывают дни, когда вы захотите что-то съесть, а бывают такие, когда вы захотите избавить себя от лишних килограммов. У меня были моменты, когда я просто ел впрок, ел, ел, ел, заедал депрессию, плохое настроение, какие-то неудачи и какие-то сомнения, но потом приходил момент, когда я понимал: так я себе не помогу. И устраивал тотальный кон-

Сравните это фото с тем, что было сделано до проекта «Худеем со звездами!». Теперь Басков весит не 95 килограммов, а всего 79, а Богомолов - не 192, а 168! Конец лета 2010 г.

троль над собой. Я просто «заболевал» для окружающих и говорил, что у меня сейчас тяжелый период, что мне надо привести себя в порядок. А потом возвращался с новыми силами и с новой энергией.

Что касается отношений со спиртными напитками, они у меня совершенно простые. Я могу позволить себе на каких-то мероприятиях совсем немного определенного алкоголя. Люблю коньяк, иногда вино. Водку употребляю, только если у меня что-то с желудком, потому что это хороший антисептик. Например, когда прихожу в рыбный ресторан и заказываю устрицы, улитки либо еще что-то подобное, предпочитаю хряпнуть рюмашку водки для дезинфекции. Особенно это актуально в жарких странах в бассейне Индийского океана — там совершенно другая пища, к ней с трудом привыкает желудок. С алкоголем я не в тесных отношениях еще и потому, что знаю: все спиртное, кроме водки, очень калорийно.

У Риты Королевой и сауна самая продвинутая – инфракрасная. Август 2010 г.

Николай Басков. Гламурное похудение

Немного скажу о модном понятии «мотивация». На самом деле мотивация в любом деле очень проста. Вы стремитесь стать лучше, стройнее, похудеть. Сбрасывая вес, вы должны ощущать, как хорошо можете выглядеть, как прекрасно у вас получается воздействовать на людей и насколько вы становитесь «гуттаперчевыми», наверное. Когда вы чувствуете легкость в желудке, легкость в организме, тогда есть баланс и в душе, и в сердце. И конечно же, прежде всего, избавление от лишнего жира — это здоровье. Не забываем, что для мужчин и женщин важно быть сексуально привлекательными и реализовывать себя в этом прекрасном чувстве, которое нам подарил Господь, и испытывать удовольствие от любви. Это важно в жизни любого человека, и потому секс, любовь — важнейшая мотивация!

Мне хочется пожелать вам, уважаемые читатели этой замечательной книги, только одного: если вы хотите похудеть, тогда решительно приступайте к этому. Если у вас есть какие-то сомнения или вам не хочется, значит, не подошло еще время, вы хорошо ощущаете себя в том весе, в котором находитесь. И вам не нужна никакая мотивация, никакие трудности, связанные с тем, чтобы привести себя в

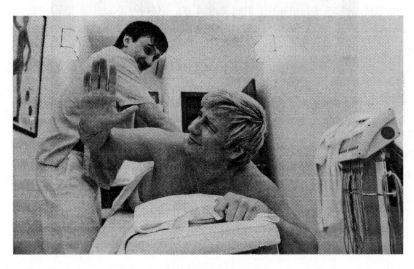

Хватит! Больно же!

порядок. Но знайте, что с каждым годом здоровье требует от вас все большей отдачи. Господь наделяет человека здоровьем, но потом над ним надо работать. Поэтому просто трудитесь над собой. Отказывайте себе в чем-то ненужном и сосредоточьтесь на том, что полезно для вашего организма, а значит, для вашей жизни».

Мне приходилось общаться со многими звездами, но Коля Басков — это нечто особенное. В нашей стране его популярность просто «зашкаливает», а такой уровень «крутизны» нередко способен деформировать личность человека с неустойчивой психикой. У Баскова этого не наблюдается. Он прекрасно осознает свое положение, но никогда не кичится им. Ездит не на «Майбахе» или «Ламборджини», а на «обычном» «Мерседесе» — дорогом и хорошем, но серийном автомобиле. Да, он любит красивую и модную одежду, какие-то престижные штучки, но это для него, скорее, соблюдение правил игры под названием «шоу-бизнес». А играет он великолепно!

При всем этом он действительно большой артист, обладающий уникальным голосом, и настоящий профессионал. Его день расписан по минутам, и он успевает переделать кучу дел. Например, в июне 2010 года, когда мы работали над проектом «Худеем со звездами!», он одновременно очень много снимался, работая в студии до пятнадцати часов в сутки. Однако, при этом, между съемками находил время, чтобы вырваться в клинику Маргариты Королевой для прохождения оздоровительных процедур, где удавалось проводить съемки и для нашего проекта. Большая работоспособность, неконфликтность, профессионализм и искреннее уважение к труду соприкасающихся с ним людей ставят его сегодня на вершину шоу-бизнеса. А ведь это место жаждут занять очень и очень многие.

СЕРЕЖА КРЫЛОВ. БОЛЬШОЙ РЕБЕНОК

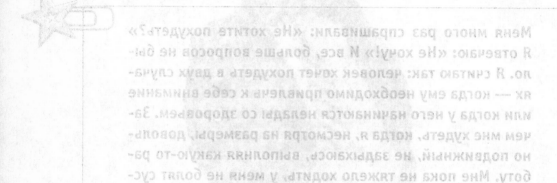

«Меня много раз спрашивали: «Не хотите похудеть?»
Я отвечаю: «Не хочу!» И все, больше вопросов не было. Я считаю так: человек хочет похудеть в двух случаях — когда ему необходимо привлечь к себе внимание
или когда у него начинаются нелады со здоровьем. Зачем мне худеть, когда я, несмотря на размеры, довольно подвижный, не задыхаюсь, выполняя какую-то работу. Мне пока не тяжело ходить, у меня не болят суставы, я даже продолжаю играть в футбол. Но понимаю:
всё это — не вечно.

С одним из самых «больших» певцов, когда-либо выступавших на
российской эстраде, Сергеем Крыловым, мне довелось познакомиться в 1987 году, когда он, двадцатишестилетний молодой человек,
только начинал работать на профессиональной сцене. Более того,
мы с ним выступали в одном концерте, и мой выход был сразу же после него...

Во второй половине восьмидесятых годов существовала такая группа — «Шанхай». Выступали в ней люди, по большей части, опытные и
даже пользовавшиеся определенной известностью. Достаточно ска-

> **Меня много раз спрашивали: «Не хотите похудеть?»
> Я отвечаю: «Не хочу!» И все, больше вопросов не бы-
> ло. Я считаю так: человек хочет похудеть в двух случа-
> ях — когда ему необходимо привлечь к себе внимание
> или когда у него начинаются нелады со здоровьем. За-
> чем мне худеть, когда я, несмотря на размеры, доволь-
> но подвижный, не задыхаюсь, выполняя какую-то ра-
> боту. Мне пока не тяжело ходить, у меня не болят сус-
> тавы, я даже продолжаю играть в футбол. Но понимаю:
> все это — не вечно.**

С одним из самых «больших» певцов, когда-либо выступавших на российской эстраде, Сергеем Крыловым, мне довелось познакомить-ся в 1987 году, когда он, двадцатишестилетний молодой человек, только начинал работать на профессиональной сцене. Более того, мы с ним выступали в одном концерте, и мой выход был сразу же по-сле него...

Во второй половине восьмидесятых годов существовала такая груп-па — «Шанхай». Выступали в ней люди, по большей части, опытные и даже пользовавшиеся определенной известностью. Достаточно ска-

169

зать, что костяк коллектива составляли бывшие участники «Машины времени» и «Воскресенья» — игравший на клавишных Сергей Кавагое (ныне, к сожалению, покойный) и бас-гитарист Евгений Маргулис. Вместе с ними на сцену выходили гитарист Сергей Гусев, барабанщик Александр Белоусов и бывший рабочий сцены у «Машины времени» Дима Рыбаков. Он очень прилично пел, сочинял стихи и музыку, играл на двенадцатиструнной гитаре и мог бы стать кассовым артистом, если бы не неформальное (скажем так) поведение вне сцены. У него, кстати, была замечательная книга, которую он называл «Мысленник», — туда он записывал наиболее интересные мысли, идеи и соображения, приходившие ему в голову. А поскольку человеком он был (во всяком случае, в те времена) неординарным, эти мысли, записанные на бумаге, иногда поражали глубиной и оригинальностью. Вспомнил я о нем в этой главе не случайно. Сергей Крылов — тоже удивительно талантливый человек с абсолютно непонятным большинству людей ходом мысли. И что любопытно, сам он это прекрасно осознает...

Случилось так, что друзья музыканты попросили меня вести их концерты, поскольку разговаривать со сцены они не умели, а платить деньги постороннему конферансье им не хотелось. Вот я и выходил на сцену и рассказывал зрителям про музыкантов, их песни, вспоминал пару-тройку забавных историй, анекдотов и уходил со словами: «Встречайте! Группа «Шанхай»!»

Обычно мои друзья работали во втором отделении, а в первом выступали артисты рангом пониже или просто начинающие. Иногда выступал Борис Моисеев в голубых шароварах и с двумя девушками — блондинкой и брюнеткой (кстати, бывшей женой музыканта «Воскресенья» Алексея Романова). Называлось это «Трио Экспрессия». Еще были какие-то девушки, работавшие под фонограмму, группы типа «Манго-Манго» и «Ногу свело». Но однажды в первом отделении появился очень крупный молодой человек ростом чуть ниже среднего и весом ну никак не меньше ста десяти килограммов. Был он рыжеват, но волос на голове имел немного, что являлось предвестником скоро-

Сережа Крылов. Большой ребенок

Сереженька Крылов на руках у мамы

го облысения. Одет он был в легкомысленные клетчатые шортики и маечку, лицо украшали темные очки. Выступал Сергей под «минус один» — это когда музыка записана на цифровую кассету (компакт-дисков и музыкальных компьютеров тогда еще не было), а поет артист «вживую». Из-за кулис я слышал какие-то отрывки песен, сделанных явно в духе модной тогда попсы. Не скажу, чтобы мне это очень понравилось, но что-то в этом парне было. Особенно когда он выполнял на сцене пробежки, прыжки и прочие движения, на которые часто неспособны люди и более скромной комплекции. Уже потом я узнал, что Крылов учился в ярославском театральном институте, где сценическому движению уделяли должное внимание, а кроме того, серьезно занимался спортом, в частности баскетболом и футболом…

В конце своего тридцатипятиминутного отделения он совершил единственную, но крупную ошибку — отрекомендовал себя как «са- **171** мого большого человека на нашей эстраде». Естественно, после таких слов мой выход сорвал овацию зала. Я был на полголовы выше и на двадцать пять килограммов тяжелее. Рассказав заготовленные

Этот моряк – будущий шоумен крупнейшего масштаба!

истории и поблагодарив за теплый прием, я отправился за кулисы, где нос к носу столкнулся с уже успевшим переодеться в джинсы и рубашку Сергеем. «Не ожидал, — заметил он грустно, — обычно после меня кто-то маленький выходит, а тут ты...» В общем, мы познакомились, пообщались минут пятнадцать, а потом какой-то приятель повез будущую звезду на своей машине домой. Я же остался ждать своих соратников...

Шло время, и Сергей Крылов постепенно становился популярным. Он появлялся в больших сборных концертах, иногда выступал с целым отделением, пробился на телевидение. Образ «большого ребенка» в шортиках или ярких одежках, которому он, кстати, не изменяет до сих пор, контрастировал с его все более и более растущими объемами. Сто десять килограммов превратились в сто двадцать пять, затем в сто тридцать, и тенденция к дальнейшему росту просматривалась совершенно четко.

В 1992 году, работая редактором отдела в «Московском комсомольце», я услышал о том, что Крылов собирается создать клуб толстяков под рабочим названием «Робин Бобин». Естественно, пройти мимо такой новости я не мог, и вместе с фотокоррес-

Сережа Крылов. Большой ребенок

понтентом Александром Астафьевым (сейчас он возглавляет в «МК» отдел иллюстраций) отправился в Текстильщики, где в небольшой квартирке проживал с женой Любой и недавно появившимся на свет сыном Яном «крупнейший артист отечественной эстрады». Встретились мы как старые друзья, вспомнили «боевые восьмидесятые», поговорили, записали интервью и разошлись. Наша с Крыловым фотография была опубликована на первой странице «Московского комсомольца» в качестве «фото номера», и я получил от читателей множество писем (электронной почты и Интернета тогда у нас не было) с просьбой рассказать о клубе толстяков подробнее. Но идея о клубе, как-то вспыхнув, тут же и погасла, хотя была в принципе неплохая.

Вновь мы встретились с Сергеем на футбольном поле, причем играли в одной команде. Дело было 19 августа 1992 года, аккурат в первую годовщину августовского путча. Меня пригласили поучаствовать в товарищеском матче команд звезд российской эстрады «Старко» и журналистов «Радио Свобода». Игра проводилась в Питере на стадионе «Петровский» при большом скоплении зрителей и неформально именовалась «Финалом кубка ГКЧП». С нашей стороны состав был самым что ни на есть звездным: Андрей Макаревич и Саша Кутиков (Макаревич, правда, на поле не выходил и участвовал только в концерте), Максим Леонидов, Николай Фоменко, Андрей Заблудовский, Алексей Мурашов (то есть уже было прекративший тогда свое существование бит-квартет «Секрет»), Юрий Лоза, Крис Кельми, старший и младший Пресняковы, конечно же, Валера Сюткин и Юра Давыдов — основатель команды «Старко» и ее бессменный голкипер, ну и мы с Крыловым. Кульминация игры наступила в начале второго тайма, когда мы одновременно появились на поле и заняли места — он в центре, а я на левом краю нападения. Можете себе представить форвардов весом в сто тридцать пять и сто пятьдесят пять килограммов? Комментировавший игру футбольный комментатор Геннадий Орлов буквально поперхнулся, увидев нас рядом, а зрители встретили наше появление бурными продолжительными аплоди-

173

ПОХУДЕЙ СО ЗВЕЗДАМИ

сментами, переходящими в овацию. И они не ошиблись в своих ожиданиях. Через тридцать секунд мяч попал ко мне, и я с левого угла штрафной площадки нанес сильный удар. Мяч попал в дальнюю штангу. Еще три минуты спустя был назначен штрафной у ворот «Свободы». Крылов установил мяч метрах в двадцати пяти от ворот, разбежался (это чем-то неуловимо напоминало начало атаки носорога) и вколотил мяч в «девятку». А потом, побегав еще немножко, мы с чувством выполненного долга покинули поле, уступив место еще не игравшим ребятам, полегче нас весом...

После этого мы с Сережей расстались почти на восемнадцать лет, чтобы увидеться в самом конце 2009 года, когда я делал первые прикидки своего проекта для «Комсомольской правды», который в то время еще носил рабочее название «Битва гигантов».

1992 г. Богомолов – 155 кг, Крылов – 135 кг

Сережа Крылов. Большой ребенок

На мой взгляд, Крылов почти не изменился: огромные бесформенные джинсы, яркая куртка, утепленная бейсболка и ботинки на толстой подошве, носящие в народе некорректное название «говнодавы». Мы долго болтали, вспоминая старые времена, и я сделал кое-какие заметки. А потом, уже летом 2010 года, мы встретились снова. Сергей, в безразмерной футболке сборной Бразилии с пятым номером, выглядел еще крупнее, чем зимой, на глаз весил килограммов сто семьдесят пять — сто восемьдесят. Я попросил его рассказать о том, как складывались у него отношения с лишним весом. И услышал интересную, но не самую веселую историю человека, чувствующего себя абсолютно одиноким, несмотря на то, что его знают в лицо миллионы людей.

«Началось вообще-то все с моего рождения. Я ребенок, появившийся на свет переношенным. Дата моего зачатия известна абсолютно точно — первая брачная ночь моих родителей. Так что путем несложных вычислений получаем, что в утробе матери я провел девять месяцев и восемнадцать дней. Ну и вес у меня был соответствующий — пять килограммов двести граммов. Правда, я начал худеть уже в роддоме — покинул его с массой четыре восемьсот. Все рассказы обо мне маленьком, которые я слышал от бабушки Ирины Константиновны, начинались с того, что в роддоме на кормление нянечки обычно несли по два ребенка, а меня тащили одного — таким я был тяжелым. Материнского молока вволю мне попить не удалось, так что я вскармливался искусственно. А кормили меня более чем основательно. До пяти лет я ежедневно выпивал поллитровую баночку манной каши (это помимо остальной еды). Так что обвинений в том, что я «мало каши ел», не боюсь. Я называл кашу короткой аббревиатурой «аа» и требовал ее регулярно. До трех лет я не разговаривал. Сейчас-то об этом вспоминается с юмором, а вот тогда моим родными пришлось несладко. Они беспокоились, водили меня к логопеду... Я вспоминаю по этому поводу старинный английский анекдот. «В одной семье маленький мальчик не разговаривал до семи

175

лет. Все уже было привыкли к этому, как вдруг во время обеда он потянул носом воздух и сказал: «А каша-то подгорела!» Все тут же кинулись к нему: «Джон, как, ты можешь говорить? Почему же ты раньше молчал?» На что мальчик задумчиво ответил: «А что говорить-то? До этого все нормально было!»

Скорее всего, из-за родовой травмы у меня оказались повреждены некоторые участки мозга. Я, к примеру, не вожу сам машину и не занимаю официальных руководящих постов, тем более с финансовой ответственностью. Это — следствие того, еще детского, диагноза. Но на все остальное диагноз не повлиял. Правда, был я мальчиком довольно пухленьким, что в провинции (а вырос я в городе Туле) могло вызвать насмешки у сверстников. Однако как-то не вызывало. Настоящих хулиганов на нашей улице не водилось, и я, чувствуя себя спокойно, очень быстро привык к неудобствам и преимуществам своего тела. При большом объеме и весе я был необычайно подвижным, и это, несмотря на небольшой рост, дало мне возможность неплохо играть в футбол и баскетбол. К тому же я играл на гитаре и пел, тем самым сразу завоевав популярность среди одноклассников. И одноклассниц тоже. На мои габариты особого внимания не обращали, все к ним просто привыкли. Наверное, я один к тому времени понимал, что мне нужно научиться использовать свое тело по максимуму. Нет, не заниматься спортивным самоистязанием, пытаясь сбросить килограммы. И не садиться на диету — что-то мне подсказывало, что никакой пользы это не принесет. Я, собственно, никогда в жизни на диетах не сидел и, скорее всего, не стану этого делать. Я как-то привык к своему весу, который для меня подобен чемодану: и тащить тяжело, и бросить жалко.

Вот ты мне рассказывал про Ромку Трахтенберга, который говорил о том, что свои недостатки нужно превращать в достоинства. Играя в баскетбол, я, благодаря подвижности и массе, мог «продавить» любого соперника и отдать неплохой пас под кольцо или бросить сам. А помнишь, с чего я начинал на сцене? Выходил этаким увальнем, с

Сережа Крылов. Большой ребенок

животиком, в детских штанишках и кепочке, а потом носился по сцене и залу с радиомикрофоном. И большинство людей, сидевших в зале, аплодировали не собственно песням и музыке, а тому радостному, веселому шоу, которое я для них приготовил.

Не каждый худенький молодой человек может так танцевать!

177

ПОХУДЕЙ СО ЗВЕЗДАМИ

Когда человеку в юном возрасте кто-то ставит в вину его полноту или издевается над ней, то он невольно старается перевести стрелки на свои другие качества. Доказать, что он хороший парень, хорошо учится, участвует в художественной самодеятельности. Любой человек, которому сказали, что у него что-то не в порядке, пытается стать лучше и лучше, и со временем этот процесс все набирает обороты, хотя на самом деле это часто и не нужно. Ну и что, что я рыжий, толстый, и уши у меня оттопыренные? Краситься, делать пластику ушей и худеть только потому, что я не вписываюсь в кем-то придуманный стандарт?

Самое главное — это иметь душу. Если в русском языке есть понятие «разговор по душам», то в других языках оно отсутствует. У них есть разве что «откровенный разговор», но это ведь совсем другое.

Цивилизация, к сожалению, развивается так, что преимуществом пользуется внешность как наиболее доступная для человеческого восприятия сфера. И люди, аналогично тому, как они надевают на себя красивый костюм, стремятся иметь и приятную внешность. Если бы все в этом мире были одного роста, скажем, метр восемьдесят, и одного веса — семьдесят девять килограммов, то мир стал бы неинтересным. А многообразие мира заставляет нас задумываться о причинах и сути явлений. Почему девушке за соседним столом нравится одна еда, а мне — другая? Почему молодой человек справа от нас ест совсем немного, а его товарищ третью порцию заказывает?

Мне кажется, кстати, что по-настоящему большого человека может понять только такой же, как он, большой, либо тот, кто таким был. Почему читатели задают тебе столько вопросов? Почему откровенно разговаривают с тобой? Потому что они видят в тебе собрата по несчастью, человека их круга, знающего их проблемы не понаслышке и болеющего за каждого из своих собратьев. Да еще сумевшего сделать то, что не смогли сделать они — сбросить гигантский лишний вес. Конечно, ты и сейчас не худенький, но сто шестьдесят — это ведь не двести восемнадцать! Уже меньше меня стал... Вот сидят два таких больших человека, как мы, и прекрасно понимают друг друга.

Сережа Крылов. Большой ребенок

И если кто-то скажет нам что-то нелицеприятное, то тут же получит в ответ фразу: «Шел бы ты отсюда! Мы классные парни, а таких, как ты, и видеть не хотим!»

Но в юном возрасте, ощущая свою определенную неполноценность (а большие люди, как ты знаешь, чувствуют очень тонко), гиганты пытаются как-то выделиться. Стать, например, космонавтами. Или просто прославиться. Все это прекращается тогда, когда в их жизни появляется близкая девушка. Тогда они уже не хотят быть космонавтами или супергероями и стараются понравиться не всем, а конкретно ей.

У меня желание выделиться привело к тому, что я, несмотря на свой невеликанский рост, стал совершенствоваться в игре в баскетбол. Я оставался после занятий в школе и бросал мяч в кольцо с границы трехочковой зоны. Десять раз, сто, тысячу. И преуспел, в конце

Сережа Крылов объясняет девушке смысл профессионального секса.
Июль 2010 г.

концов. Мало кто, я думаю, мне поверит, но я поставил себе задачу научиться прыгать в высоту. И научился! Причем не так, как прыгали все — перекидным стилем, а в стиле «Фосбюри-флоп». Я увидел кадры из самого лучшего спортивного фильма в истории кино «Спорт, спорт, спорт», на которых Дик Фосбюри, к удивлению всего мира, преодолевает на Олимпиаде 1968 года в Мехико планку «спиной вперед», да еще устанавливает олимпийский рекорд — два метра двадцать четыре сантиметра. Я был просто заворожен его «полетом», хотя к тому времени, когда я занялся прыжками, так прыгало уже подавляющее большинство спортсменов. И действовал точно так же, как с баскетболом, — закрывался один в зале, ставил планку на высоту в метр двадцать и прыгал. Десятки и сотни раз. Рассчитывал разбег, совершенствовал технику. И в конце концов при своем весе килограммов в восемьдесят пять (а это считалось много) публично преодолел планку на высоте в один метр сорок пять сантиметров, что среди одноклассников произвело эффект разорвавшейся бомбы.

Но все эти внешние эффекты нужны до определенного времени. Когда тебе лет двадцать, и ты необыкновенного вида мужчина, например крупный, то ты понимаешь: ты — парень на любителя, точнее на любительницу. В тебя может влюбиться девушка, у которой все нормально с мозгами. Ее привлекает в мужчинах своего рода загадка, тайна, она задается вопросом: а как все происходит у этого большого человека? Как он думает, ведет себя, общается, каков он в повседневной жизни?

Я в разные годы очень быстро становился лидером. Школьный хор пел песни про скворушку и березоньку, а мы исполняли «Машину времени» и пользовались локальной популярностью. В 1975–1976 годах Макаревича в Туле, понятное дело, никто еще не знал, а про «Машину» уже слышали. Мне их песни нравились, и я создал группу «Машинно временные». Представьте себе окраину Тулы, ревербератор, сделанный из магнитоприставки «Нота», и мой голос с эхом: «Все очень просто... Сказки обман....» Значительная часть

Нет, женщины точно ничего не понимают!

населения пребывала в полной уверенности, что Макаревич — это плотный рыжеватый молодой человек, живущий в городе оружейников и пряников.

Я чувствовал, что это мое лидерство привлекает и девочек. Самая красивая одноклассница предложила мне дружить, и моя самооценка возросла. А когда я учился в девятом классе, у меня умерла бабушка, и контроль за мной со стороны домашних был полностью утерян. После школы в два часа я шел с девочкой к себе домой, и до шести, пока мама не возвращалась с работы, мы делали, что хотели. Целовались, на кровати валялись, но никакого секса! То есть того, что детям нельзя делать, мы не делали. Я в то время даже не очень понимал, что это такое, а рассказы сверстников о том, «как они в подвале кого-то...», вызывали у меня не только недоверие, но и отвращение. Я просто не мог представить себя с девушкой в грязном подвале. В результате до свадьбы остался девственником. Хотя женился-то я сразу после школы.

Кстати, о моей первой женитьбе. Тогда я, как и многие знакомые ребята, не понимал разницу между любовью и страстью. Страсть часто принимают за любовь. А потом, после свадьбы вдруг выясняется, что сексуальная эйфория прошла, что женщина рядом с тобой уже не столь умна, как хотелось бы, что у нее не такой уж легкий характер, да к тому же растет живот, в котором живет еще один че-

Верьте мне! Я – хороший!

ловек. Приятелям-то даже завидно: молодой, а уже почти отец, женатый мужчина. Ты же понимаешь: это совсем не то, чего хотелось от жизни. Некоторые в таком случае так и живут дальше, без всякой любви. А я развелся и уехал учиться в Ярославль в театральный институт. У меня была детская мечта: стать артистом-гастролером. Играть в ансамбле и все время ездить по стране, жить в гостиницах, а не дома, выступать перед публикой. А поскольку я хотел выступать не абы как, а на высоком профессиональном уровне, то решил учиться на актера. Я, кстати, в детстве наивно писал письма на радио в передачу «С песней по жизни», а мне приходил один и тот же ответ: «Идите в филармонию». И подпись: «Референт Н. Капитула». Столько лет прошло, а я эту фамилию помню. Кстати, люди на эстраде, не имеющие актерского образования, вызывают во мне раздражение. А они почти все такие. Смотреть на непрофессионалов меня вообще ломает. Правда, в институт я с первого раза не попал: преподаватели сочли, что моя полная фигура не позволит мне нормально изучать сцендвижение, танец и прочее. Я вернулся в Тулу и устроился работать на почту — разносить телеграммы. И за семь месяцев беготни по району похудел на семнадцать килограммов. Без всяких, между прочим, диет и диетологов. И поступил в институт.

Весил я в то время в районе восьмидесяти четырех килограммов и, понятное дело, на первых курсах не особенно поправлялся. Те, кто помнит небогатую жизнь советских студентов, не дадут соврать. Лишь в конце учебы я прибавил килограммов семь-восемь. Но я стал актером театра и кино и мог не только спеть песню, но и сыграть.

В 1981 году я женился во второй раз — на самой красивой девочке в институте. Все были удивлены, что она выбрала меня, причем познакомились-то мы тогда, когда я приехал поступать первый раз. Я провалился, а она, поступив, целый год меня ждала. И не то чтобы романов каких-то не заводила, даже не целовалась ни с кем, что в условиях студенческого общежития практически невозможно.

ПОХУДЕЙ СО ЗВЕЗДАМИ

У Любы, кстати, тоже оказался не совсем покладистый характер, как мне поначалу представлялось. И я стал думать: мол, ладно, исправлю то или иное ее качество. Но прошло три года, пять, семь, двенадцать, а мне ничего сделать не удалось. На нашей серебряной свадьбе четыре года назад она сказала: «Двадцать пять лет взаимного непонимания».

Меня вообще трудно понять. Машину я не вожу, на коньках не катаюсь, плавать не умею, в театры не хожу, книги читать не люблю. Разве что спорт не бросаю. И конечно, мыслительный процесс. Я думаю, размышляю, анализирую и очень многим людям после этого не верю. Вот ты рассказал мне про различные диеты, как их использовать, что можно мне с собой сделать. Тебе я верю, ты — человек моего поля, а диетологи — нет. С ними говоришь — и чувствуешь, что в глазах у них доллары светятся. И больше ничего.

Не так давно я наконец согласился лечь на обследование — с тем, чтобы мне дали какие-то рекомендации. Под Москвой на базе обычной

Примерно так удав смотрит на кролика...

больницы работают натуральные «пылесосы». Прожил я там два дня, обследований еще не проводили, но принесли счет на пятьдесят четыре тысячи рублей: за проживание и питание. Вот тебе и диетологи!

Мы люди уникальные. Нас не так уж и мало, но и не много. Обычных — гораздо больше. И у них немного другая жизнь. Приведу пример. Я был недавно на свадьбе. Жениху девятнадцать лет, а друзей у него — человек сорок. У меня, к примеру, было совсем не так. Я вырос в городе, где жизнь довольна тяжелая, — в Туле, рано уехал учиться в Ярославль, тоже непростой городок, а потом попал в Москву, где вообще никого не знал. И мне до сих пор непонятно, как люди сходятся, дружат, о чем-то все время разговаривают. Я — конкретный одиночка. Ты говоришь, слоник-одиночка? Нет, скорее волк. Прочитай мою фамилию справа налево, убрав «рычащее» «ры». Получается «волк».

Со временем, когда ты обосабливаешься, уходишь в свой эксклюзив, тебе уже не хочется напрягаться по поводу собственной полноты. Та обособленность, которую я чувствовал в самом начале жизни, в моем случае просто усугублялась. Все говорят: «Как же так, надо как-то устраиваться...» Я же, собственно, «устраиваться» не хотел. Слишком ко многому надо приспосабливаться, прогибаться, деформировать свою личность...

Моя обособленность приводит к тому, что, бывая в компаниях, я в большинстве случаев хочу быстро уйти, поскольку это или тупые и невежественные люди, или снобы. Так уж сложилось. Приведу яркий пример сноба. Есть известный многим Артемий Троицкий, который старше меня всего-то лет на пять. И я, зная, что он слушает много музыки, причем совершенно разной, иногда, между прочим, просто отвратительной, решил дать ему свой альбом, записанный в Америке. Просто как старшему товарищу. Он же мне сказал: «Меня кабак не интересует». При чем тут кабак, обычные песни на русском языке, русские песни, записанные в лучшей в мире студии, где писался, скажем, Майкл Джексон. Из наших, по-моему, только Гребенщиков с группой

185

ПОХУДЕЙ СО ЗВЕЗДАМИ

«Юритмикс» там записывался, и то уже давно. Троицкий не понял, что не я играю и пою кабацкую музыку, а ее поет вся наша страна.

Мне кажется, что относиться к людям нужно хотя бы так, как мы иногда относимся к животным. К тем, которые не могут ничего сказать, не могут попросить. Ко мне подходит молодой человек после концерта и говорит: «Сергей, я ваш кумир!» Что, мне его тыкать носом в то, что он неправильно выразился? Или просто сделать вид, что не заметил, поговорить, расписаться на фотографии... Поправлять ли мне тех, кто называет меня Димой — как Дмитрия Крылова. За-

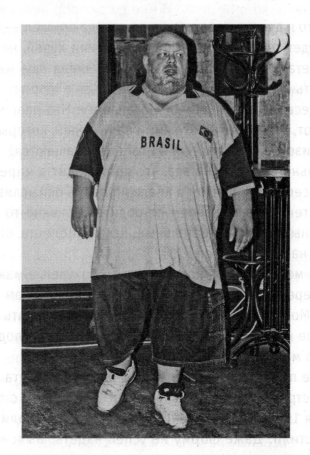

Хоть сейчас на футбольное поле! И 170 кг не помешают!

чем? Ну спутали люди меня с однофамильцем-телеведущим. Что же, их за это гнобить, что ли? Впрочем, мы все в большинстве своем относимся к людям хуже, чем к животным. Такая у нас жизнь сейчас.

Вообще-то я себе не нравлюсь. Вернее так: сам по себе, один я замечательный, просто красавчик. А вот во взаимодействии с другими людьми — с женой, с сыном — часто веду себя неправильно. Не всегда понимаю их, а они — меня. Но с другой стороны, у каждого человека, толстый он или нет, должны быть люди, которым он необходим. Он должен чувствовать этих людей, а они — его. У меня таких людей очень мало...

Вообще-то я думаю, надо идти туда, откуда пришел — в народ. Там никто не будет тебе говорить, полный ты или худой, не будет печалиться о диетах. Тетя Маша, которая тебя знала еще мальчиком, не станет думать о том, что ты не вписываешься в формат, в стандарты красоты. Здесь же все подчинено стандарту. Что девочки бедные с собой делают, чтобы быть похожими на моделей, которых показывают по телевизору! И во что они в итоге превращаются!

Внимательно смотреть на все, что происходит в мире, я привык с детства. Я всегда любил что-то анализировать, осмысливать. В зависимости от генокода мы берем от родителей какие-то качества — положительные либо отрицательные. Кстати, полнота, она ведь тоже может быть наследственной.

В юности мой папа был полным, потом похудел, а мама — наоборот. Папа передал мне возможность быть полным. Сам похудел, а я располнел. Мой сын же, в отличие от меня, в двенадцать лет отказался есть после шести вечера, и сейчас он — худой молодой человек. То есть, взял мамины качества, а не мои.

В течение полутора лет после окончания института я был абсолютно невостребованным. Писал песни, ждал Любу с гастролей. А потом, 4 мая 1986 года, меня забрали в армию. Забрали утром, а вечером отпустили. Даже форму не успел надеть. Выяснилось, что я психически нездоров и имею «остаточные явления после пораже-

187

Мы – одного поля ягоды... Лето 2010 г.

ния центральной нервной системы». Правда, вся страна, глядя на меня спустя несколько лет, этого совершенно не замечала... В 1987 году, приехав в Москву, я начал выступать. Это была своего рода игра: я представлялся публике таким советским макротуристом, который все знает и везде бывал. Я говорил: «Эти шорты я привез из Австралии». Действительно, у меня были шорты австралийского производства, невесть каким ветром занесенные в комиссионный магазин в Житомире. Их там никто не покупал, поскольку на Украине такой фасон (кстати, они даже больше походили на бриджи), размер (очень большой) и цвет (желтый в зеленую клетку) не пользовались популярностью. Купил я их за восемь рублей... Правда, нашлись люди, которые стали меня обвинять: мол, я выступаю в трусах. Даже выступления мои пытались из-за этого запрещать. Такая страна была...

Сережа Крылов. Большой ребенок

Я вышел на московскую сцену с весом в сто десять килограммов, и основной набор веса пошел у меня в начале девяностых — сто двадцать, сто тридцать... Сколько сейчас, даже не знаю, потому что не взвешиваюсь и весов дома не имею.

Меня много раз спрашивали: «Не хотите похудеть?» Я отвечаю: «Не хочу!» И все, больше вопросов не было. Я считаю так: человек хочет похудеть в двух случаях — когда ему необходимо привлечь к себе внимание или когда у него начинаются нелады со здоровьем. Зачем мне худеть, когда я, несмотря на размеры, довольно подвижный, не задыхаюсь, выполняя какую-то работу. Мне пока не тяжело ходить, у меня не болят суставы, я даже продолжаю играть в футбол. Но ты прав, все это — не вечно. О здоровье думать надо, поэтому я к твоим рекомендациям и прислушиваюсь.

Мне часто говорят: «Сергей, не худейте! Мы вас такого любим!» Я понимаю, что люди скорее любят мой образ, который сложился у них, а не меня как такового. Будь я обычной комплекции, как сотни ребят, попавших на сцену в девяностые, а теперь мало кому известных, тоже не пользовался бы сегодня какой-то популярностью. Именно моя внешность — единственная и уникальная, не дает публике забыть, кто такой Сергей Крылов».

Сережа Крылов — неординарный и очень талантливый человек. Но чудо, что он со своими внешними данными смог стать звездой шоу-бизнеса и сыграть в ряде фильмов, в том числе и в главной роли. Эстрадный певец весом в сто килограммов с лишним на нашей сцене конца восьмидесятых годов был нонсенсом. Крылов абсолютно не вписывался в рамки, установленные Министерством культуры СССР. А ведь он целых четыре года выступал при советской власти и выделялся не столько содержанием песен, сколько неформальной внешностью. Редкий продюсер взялся бы тогда «раскручивать» Крылова. Смазливого мальчика или девочку, либо крутых рок-музыкантов — сколько угодно. Но толстого рыжего парня, совсем не похожего на секс-символа? Да еще с

ПОХУДЕЙ СО ЗВЕЗДАМИ

таким некомпанейским характером. Сережа с детства был особенным, не таким, как все. И на эстраде тоже остался сам по себе. Он говорит, что сейчас время артистов прошло, наступила эпоха продюсеров и аранжировщиков. Уже никого не волнует, умеет ли петь «новая звезда» на самом деле. И точно так же не волнует, кто и как придумывает для нее песни. Все будет так, как решил продюсер. А Крылов всегда решал за себя сам. После разговора со мной он задумался над «Лиепайской диетой». Может быть, впервые за всю свою жизнь. И я уверен, что если он решит, то через полгода мы увидим его совсем другим. Он еще покажет себя: и в похудении, и в творчестве, и в жизни...

Ремейк нашей фотографии 1992 г. Найдите 10 отличий!

«ГРЕЧЕСКИЙ СОЛОВЕЙ» И ДРУГИЕ ЗАРУБЕЖНЫЕ ГОСТИ

Денис Руссос: «Меня жена научила думать, что ешь. Раньше мне было всё равно, а ей всё подряд, да ещё вином запивал. И теперь тоже ем всё, что мне нравится. Только по-другому. Я очень люблю жареную курицу. Могу её целиком за день сожрать. Но никакого крахмала и муки, в смысле картошки, хлеба, бэконов и прочее. Только зелёные овощи. Никаких томатов — это не овощи! Салат, шпинат, руккола и прочие листья. Ну а в другой день ем только фрукты, не очень сладкие. Затем могу есть рыбу, но опять же с зелёными овощами, или морскую живность. Так вот и худею, вес поддерживаю, иначе нельзя — шоу-бизнес!»

Лучано Паваротти: «Цвета у меня одна — надо просто пересилить себя и не кушать вкусную еду, когда ужасно хочется. Желаешь поужинать? Возьми и откажись — ложиться спать следует голодным. Между прочим, очень действенно — пару раз я похудел на тридцать килограммов. Но мне стройность и не требуется — я певец, а не фотомодель...»

Демис Руссос: «Меня жена научила думать, что ешь. Раньше мне было все равно, я ел все подряд, да еще вином запивал. И теперь тоже ем все, что мне нравится. Только по-другому. Я очень люблю жареную курицу. Могу ее целиком за день сожрать. Но никакого крахмала и муки. В смысле картошки, хлеба, бананов и прочее. Только зеленые овощи. Никаких томатов — это не овощи! Салат, шпинат, рукколу и прочие листья. Ну а в другой день ем только фрукты, не очень сладкие. Затем могу день есть рыбу, но опять же с зелеными овощами, или морскую живность. Так вот и худею, вес поддерживаю, иначе нельзя — шоу-бизнес!»

Лучано Паваротти: «Диета у меня одна — надо просто пересилить себя и не кушать вкусную еду, когда ужасно хочется. Желаешь поужинать? Возьми и откажись — ложиться спать следует голодным. Между прочим, очень действенно — пару раз я похудел на тридцать килограммов. Но мне стройность и не требуется — я певец, а не фотомодель...»

ПОХУДЕЙ СО ЗВЕЗДАМИ

«Ничего себе, соловей», — скажет человек, впервые увидевший пластинку Демиса Руссоса начала восьмидесятых годов прошлого века. На обложке красуется почти стопятидесятикилограммовый мужчина с мужественной бородой и длинными черными волосами, одетый в некое подобие греческого хитона (благо сам по национальности грек), в зависимости от настроения артиста, белого или темного цвета. Такие «хламиды» в свое время очень любила наша Примадонна Алла Борисовна Пугачева, поскольку считала, что они как-то скрывают ее обширные телеса. Но до Демиса ей было далеко. Этот гигант к тридцати девяти годам весил сто сорок шесть килограммов, и это даже стало негативно сказываться на его карьере. Конечно, он — не какой-нибудь там Мик Джаггер или покойный Майкл Джексон, и всякие там прыжки-пробежки всегда были ниже его достоинства. Но притопывать-прихлопывать, да и просто пару часов стоять на сцене ему было уже тяжеловато. А популярность его росла и росла. Даже до нас, находившихся за плотным «железным занавесом», доходили его знаменитые хиты From souvenirs to souvenirs, Goodbye, my love, goodbye, You're my only fascination и другие. Ну а поскольку артист не был замешан ни в каких антисоветских и антисоциалистических движениях и вообще, в отличие от шумных рокеров, пел сладким чувственным голосом, близким к кастратному тембру, его песни даже выпускали на гибких пластинках фирмы «Мелодия». Нынешнее поколение уже, видимо, и не знает, что это такое, и не помнит музыкальный журнал «Кругозор», состоявший наполовину из текстов, а наполовину из сброшюрованных пластинок, которые можно было слушать на обычном проигрывателе. Качество было наихудшим, зато западные хиты появлялись там самым оперативным образом (иногда в тот же год, что и за рубежом). А еще невежественные переводчики регулярно перевирали имена и фамилии исполнителей, а также названия песен. Ни одному идиоту на фирме «Мелодия» не могло прийти в голову, что может существовать какой-то поющий по-английски и по-французски грек Демис. По-французски — значит француз! Так появилась гибкая пластинка с песнями неведомого артиста Деми Руссо...

Судьба столкнула меня с ним в кулуарах концертного зала гостиницы «Космос», куда я приехал со своими друзьями из «Машины времени» и бит-квартета «Секрет» на концерт в рамках культурной программы организации «Врачи за мир». Было это в 1987 году. В фойе тусовалась Йоко Оно, маленькая худенькая женщина, глядя на которую ни за что не скажешь, что она сумела развалить «Битлз». Был там Пол Винтер, исполнявший экологическую музыку и заставивший даже видавших виды врачей свернуть свои уши в трубочки при звуках двадцатиминутной «Песни мамы-кита». Был Крис Кристоффер-сон, попросивший у Макаревича гитару и сыгравший несколько кантри-хитов, был Градский, вместе с Макаревичем аккомпанировавший симпатичной финской певице, исполнявшей песню «Миллион алых роз» почему-то на шведском языке. И был Демис Руссос. Выступления его я не видел, поскольку выпивал с финской певицей в баре «Космоса» (семь рублей за литр «Столичной» и двадцать копеек за бутерброд с черной икрой!). Но потом, прошедши за кулисы, столкнулся с моложавым мужчиной, затянутым в кожаные штаны и куртку, причем с подозрительно знакомой физиономией. Животик у него, конечно, присутствовал, и он, увидев меня, ткнул им в мою «трудовую мозоль». Надо сказать, весил я тогда около ста сорока килограммов и смотрелся очень колоритно, особенно на фоне худых и дохлых (кроме, разве что, Градского) звезд эстрады. Улыбаясь во всю свою бородатую физиономию, он сказал: «Hi! I'm Demis!» И тут мне стало понятно, что этот почти худосочный девяностопятикилограммовый мужчина и есть великий греческий соловей Демис Руссос. Университетское образование и практика в английском, которую я в свое время получил, быстро сгладили языковой барьер, и Демис кратко изложил мне свои принципы избавления от лишнего веса. Не ручаюсь за абсолютную точность, но его эмоциональный монолог звучал примерно так: «Алекс! Я тоже был таким, даже еще жирнее. А посмотри

195

ПОХУДЕЙ СО ЗВЕЗДАМИ

сейчас! Меня жена научила. В смысле думать, что ешь. Раньше мне было все равно, я ел все подряд, да еще вином запивал. И теперь тоже ем все, что мне нравится. Только по-другому. Я очень люблю жареную курицу. Могу ее целиком за день сожрать (тоже мне, удивил! — *А.Б.*). Но никакого крахмала и муки. В смысле картошки, хлеба, бананов и прочее. Только зеленые овощи. Никаких томатов — это не овощи! Салат, шпинат, руккола (тогда я впервые услышал это слово. — *А.Б.*) и прочие листья. Ну а в другой день ем только фрукты, не очень сладкие. Затем могу день есть рыбу, но опять же с зелеными овощами, или морскую живность. Так вот, брат, и худею, вес поддерживаю, иначе нельзя — шоу-бизнес!»

Подумав о мучениках западной эстрады, я пригласил своего нового приятеля в бар пропустить по стопочке под черную икру. Но он ответил, что икру ему сегодня нельзя, поскольку он уже ел свою любимую курицу, хлеб же он не употребляет вообще, а алкоголь при его диете противопоказан. «Да, вот он каков, звериный оскал капитализма», — подумал я и отправился в бар, где уже нетрезвая финка чокалась со звукорежиссером «Машины времени» Максимом Капитановским. Демис потом несколько раз, проходя мимо, грозил мне пальцем, но по его постной физиономии я заключил, что если бы не оковы шоу-бизнеса, он с удовольствием присоединился бы к нам. В общем, в то время его диета мне как-то не подошла. Во всяком случае, она никак не вписывалась в советский образ жизни. Покупать каждый день курицу могли себе позволить лишь члены ЦК и очень богатые люди, к которым я тогда не относился. Отказаться же от хлеба и водки было выше моих сил. Так что уроки, данные самим учителем, в тот момент мне не пригодились.

Вспомнил я о них уже через два десятка лет, когда мой «боевой вес» достиг двухсот килограммов и появилась настоятельная потребность бороться с ним. Тем более, что мое материальное положение позволяло покупать не одну, а две или даже три курицы в день.

«Греческий соловей» и другие зарубежные гости

Правда, хорошие овощи и фрукты, не говоря уж о всяких экзотических омарах, стоили дороговато, но все же были более доступны, чем в начале перестройки. Опыт Демиса, который за полгода похудел со ста сорока шести до девяноста пяти килограммов, и то, что я имел возможность убедиться в этом лично, заставили меня изучить «соловьиную» методику более подробно.

В кратком разговоре со мной Демис не упомянул, что для него был запрещен не только хлеб, но и целый ряд продуктов — все, что содержит избыток углеводов, за исключением натуральных фруктов и соков. Никаких сладостей, пирожных, булок и булочек, пицц, паст, никакой картошки, макарон, риса, вермишели, лапши и прочего. Картошку, правда, можно употреблять, но в ограниченном количестве и лишь вареную в кожуре. При этом есть ее надо отдельно от всего остального. То есть взял себе на обед пару картошек «в мундире» — и все. Без масла, соусов и уж точно вне мяса или рыбы. Такой «легкий обед» времен гражданской войны в СССР. Мне не очень нравилось. Супов в отечественном понимании этого слова тоже никаких употреблять не нужно. Почему? Да потому что у нас основа любого супа — картошка, фасоль, лапша, на худой конец рис. А Демис понимал под супом куриный бульончик, кстати, не очень жирный. Его можно есть (чуть не написал «пить») по мере наступления голода, причем с вареной курицей. Приветствовались фруктовые и овощные разгрузочные дни. В общем, был это щадящий вариант раздельного питания, который якобы и привел к таким результатам.

В любой диете главное — психологический настрой. Вот одна из жен Демиса Мария-Тереза, судя по легенде, и настроила его на то, чтобы худеть. Он похудел на несколько килограммов, а потом понял, что худеть дальше сможет, только соблюдая диету. Он настроился, собрался с силами и избавился от пятидесяти лишних килограммов!

А теперь о том, что происходило в действительности. 14 июня 1985 года Демису Руссосу вздумалось слетать из Афин в Рим. Совсем недалекий, практически местный полет. Как человек, любящий комфорт, он решил выбрать самолет американской компании TWA, который летел в Нью-Йорк рейсом № 847. Во время полета над Средиземным морем лайнер захватили террористы и приказали летчикам под угрозой оружия лететь в Бейрут. Уже там они убили одного из заложников — американского служащего ВМФ и потребовали освободить из тюрем семьсот своих соратников. 15 июня был день рождения Демиса — ему исполнялось тридцать девять лет, и террористы, по слухам, даже поздравили его. На следующий день Руссоса и большую часть заложников отпустили, а оставленных в самолете американских граждан освобождали уже в столице Сирии Дамаске недели через две, когда требования террористов были выполнены. (Кстати, значительная часть этих событий легла в основу фильма «Подразделение «Дельта» с Чаком Норрисом в главной роли. Там есть и убийство американца, и пистолет у виска пилота, и пресс-конференция, на которой террористы выдвигают свои требования. Только потом начинаются чудеса с силовым захватом самолета и освобождением заложников.)

После этой страшной истории Демис Руссос стал худеть — видимо, на нервной почве. А как не использовать такой уникальный шанс, чтобы в очередной раз подогреть интерес к собственной персоне? Вместе с женой он написал книгу «Вопрос веса», в которой рассказывал о пользе раздельного питания и вообще знакомил читателей с основами здорового образа жизни. Правда, именно для него толчком к похудению, скорее всего, явился полученный стресс, а не осознанный переход к разумному питанию. Но зато скольким тысячам людей помогла сбросить ненужные килограммы его книга! Сам же он, конечно, с возрастом поправился, и его вес колеблется от ста десяти до ста двадцати пяти килограммов, что, в общем-то, является неплохим результатом. Кстати, переживания от сидения в самолете, захваченном террористами, положили начало и новому этапу в творчестве Демиса

Руссоса, который до этих событий несколько лет не выступал и не выпускал новых пластинок. С тех пор он продолжает радовать своих поклонников волшебным голосом, регулярно приезжая в нашу страну.

Когда мы летом 2010 года смотрели игры чемпионата мира в ЮАР с участием сборной Аргентины, то невольно обращали внимание на плотного, но не толстого мужчину на капитанском мостике команды. Он объятиями и поцелуями встречал каждого игрока, выходящего с поля при замене, и точно так же провожал в бой новичков. А когда его команда забивала, прыгал и радовался как мальчишка. По его цветущему внешнему виду было не сказать, что еще несколько лет назад он с трудом передвигался и находился в буквальном смысле между жизнью и смертью.

Диего Армандо Марадона, один из величайших футболистов мира, прозванный вице-королем футбола (король — Пеле, естественно), прославился не только своими суперголами и «рукой Бога» в матче с англичанами на чемпионате мира 1986 года. Отличал его еще латиноамериканский темперамент, или, проще говоря, дикий и необузданный нрав. И, что весьма часто встречается у быстро разбогатевших людей из низов, неумеренность во всем и склонность к опасным экспериментам.

Марадона в свое время плотно подсел на кокаин, его даже задерживали с наркотиками, затем стрелял в журналистов из пневматической винтовки, врезался на автомобиле в телефонную будку, лечился от алкоголизма в наркологической клинике, от наркомании — на Кубе у своего друга Фиделя Кастро, был на принудительном лечении у психиатров... Все эти внешние проявления не отражали даже малой части того, что в действительности происходило в организме великого футболиста. А он, абсолютно перестав обращать внимание на свое здоровье, катился вниз. И финал был близок...

В 2004 году, когда Марадона, что называется, «не просыхал», выкуривал полдюжины кубинских сигар в день и время от времени принимал наркотики, у него случился сердечный приступ, от которого он чуть не умер. И вот тогда, по совету своего личного врача Алфредо Каэ, он отправился в Колумбию. Нет, не для того, чтобы прикупить свеженького кокаина, а с тем, чтобы подвергнуться достаточно сложной хирургической операции.

Одной из главных причин перебоев в работе сердца Марадоны врачи называли его большой вес. При росте в сто шестьдесят семь сантиметров он к марту 2005 года весил сто двадцать один килограмм. И это был не максимум. Чуть раньше его вес достигал ста двадцати восьми килограммов, что, согласитесь, многовато. А тут еще и типичное для спортсменов увеличение левого желудочка сердца, и неумеренное употребление различных стимуляторов...

В общем, в начале марта 2005 года Марадона отправился в новую, но уже сумевшую себя достаточно хорошо зарекомендовать клинику для обследования на предмет операции. После проведения осмотров и анализов 5 марта ему сделали операцию, которая на медицинском языке называется «лапароскопическое желудочное шунтирование». Проще говоря, через небольшие разрезы в животе ему с помощью специальных инструментов из верхней части желудка сформировали желудочек поменьше, к которому пришили петлю тонкой кишки. В результате он физически не мог употреблять большого количества пищи и за счет этого должен был похудеть. По расчетам докторов, этот процесс в течение нескольких месяцев должен был избавить его, как минимум, от пятидесяти килограммов лишнего веса.

Пробыв в клинике три дня, Марадона отправился домой, где две недели находился под наблюдением медсестры. Не знаю, как дело обстояло именно у него, но люди, пережившие такую операцию, рассказывают, что адаптационный период после нее бывает довольно сложным. В первые дни, естественно, все внутри болит, и без анальгетиков не обойтись. Пищу приходится принимать только в жидком виде и крошечными порциями. Да и в дальнейшем нужно перед едой употреблять что-то жидкое и лишь потом съедать приглянувшийся (желательно, не очень твердый) кусочек.

«Греческий соловей» и другие зарубежные гости

За первые три недели с «новым желудком» бывший капитан сборной Аргентины сбросил одиннадцать килограммов и по совету врачей отправился в северную часть Колумбии, где «занялся пешим туризмом». Между прочим, пациенты, перенесшие подобные операции, должны обязательно соблюдать активный двигательный режим, чтобы их пищеварительная система постепенно приходила в норму. Правда, тяжелые нагрузки, в том числе и футбол, в первое время строго запрещены.

Результатом операции стало то, что Марадона в течение года избавился от более чем сорока килограммов лишнего веса. И, казалось бы, уже встал на правильный путь...

Но колумбийские медики не учли взрывной характер и выдающиеся способности великого футболиста. Как говорится, талантливый человек талантлив во всем. Вот и Диего адаптировался к новому желудку и стал потихоньку расширять его. Ведь человеческие ткани обладают невероятной способностью к растягиванию. Рожавшие женщины не дадут соврать...

Когда я рассказал эту историю своему приятелю-хирургу, он высказал серьезные сомнения в том, что великому футболисту произвели именно шунтирование желудка. Операция эта, хоть и является «золотым стандартом» в медицине похудения, но в исполнении очень сложна и имеет целый ряд возможных осложнений. Среди них в первую очередь называется трудность расчета длины остающегося в рабочем состоянии кишечника. Чуть меньше — и человек принудительно голодает, причем с возможным смертельным исходом. Чуть больше — и никакого эффективного похудения не будет. И еще. При шунтировании желудок, конечно, можно растянуть, но шунт в кишечнике не даст большому количеству пищи усвоиться. Поэтому мой приятель сделал предположение, что Марадоне, скорее всего, сделали операцию по наложению лавсанового кольца на желудок. В этом случае кольцо, накладываемое поверх органа, делит его как бы на две части: верхнюю (поменьше) и нижнюю (по-

ПОХУДЕЙ СО ЗВЕЗДАМИ

больше). Человек съедает немного пищи, она заполняет «верхний» желудок, и рецепторы насыщения, которые находятся вверху, дают мозгу сигнал о полной сытости. Затем пища потихоньку переходит вниз. Делается все это для того, чтобы сформировать у человека привычку меньше есть и к тому же сократить за несколько месяцев объем желудка. Потом кольцо снимается. Это, как считает хирург, и явилось причиной того, что Марадона снова растолстел: сняли кольцо — и вперед! А рассказы о тяжелой полостной операции, возможно, просто рекламный ход…

Так или иначе, но через два года после хирургического вмешательства вес Марадоны снова приблизился к центнеру. В конце 2006 — начале 2007 года он не вылезал из ресторанов и баров, принимая серьезные дозы алкоголя и отнюдь не диетической пищи. В результате в марте 2007 года ему пришлось отправиться в Швейцарию, чтобы пройти курсы психологического тренинга и другие процедуры, необходимые для стойкого похудения. Продолжил он процесс в Италии и, в конце концов, приблизился к норме, сбросив вес до семидесяти девяти килограммов.

Что же помогло Марадоне достигнуть нужного результата и удержать его? Мне кажется, что дело не только в хирургической операции и профессионализме европейских психиатров. Великий Диего просто получил пост тренера национальной сборной Аргентины и, как истинный мастер и человек, фанатично любящий футбол, был обязан привести себя в форму. Как уже неоднократно говорилось в этой книге, мотивация — превыше всего.

В шестидесятые годы в Голливуде произвело фурор похудение Элизабет Тейлор. Эта замечательная актриса всю жизнь была склонна к полноте и боролась с лишним весом. Но однажды, находясь в депрессии, она набрала не обычные для себя пять-семь, а целых тридцать пять лишних килограммов. И ее перестали снимать. Для творческих людей потеря контракта, работы и высокой оплаты (а

«Греческий соловей» и другие зарубежные гости

Элизабет Тейлор в 1963 году получила за роль Клеопатры миллион долларов — фантастическую для тех времен сумму) — повод для еще более глубокой депрессии. Элизабет попала к психиатру (в США их называют психоаналитиками). Тот посмотрел-послушал почти стокилограммовую красавицу и отправил ее к самому известному на тот момент натуропату, поборнику здорового образа жизни и автору системы голодания Полю Брэггу.

Брэгг быстро взял даму в оборот. В первую очередь исключил из ее рациона столь любимые Элизабет мороженое и сладости. И стал кормить: на завтрак — фруктами, в обед — овощами, а на ужин — небольшими кусочками мяса или рыбы с гарниром из овощей. Продолжалось это неделю, а потом Брэгг счел, что организм уже достаточно подготовлен, и раз в неделю назначал актрисе суточное голодание. Через пару недель он заставил голодать ее по трое суток подряд. Затем было семидневное голодание, а спустя некоторое время мученица проголодала классический срок — двадцать один день. В итоге за два с половиной месяца она сбросила ненавистные тридцать пять килограммов, снова стала сниматься, и даже какое-то время жила по системе Поля Брэгга, сделав ее в Штатах крайне популярной.

Потом, правда, она снова добавила в весе и боролась с ним еще много лет. А в 2009 году в семидесятисемилетнем возрасте она торжественно заявила, что ей наконец-то «надоело худеть»!

Величайший тенор современности Лучано Паваротти был велик во всем: он вошел в Книгу рекордов Гиннесса как артист, собравший полмиллиона слушателей (на концерте в Нью-Йорке), как певец, которого публика вызывала после выступления сто шестьдесят восемь раз кряду и просто как гениальный исполнитель. А еще он был очень большим человеком. Когда друзья называли его «Сто пятьдесят килограммов доброты и обаяния», они немного льстили Лучано. Его вес, бывало, превышал сто шестьдесят килограммов при росте в сто семьдесят пять сантиметров. И последние двадцать лет своей жизни он вел с лишними килограммами борьбу, которая может послужить примером побед и поражений, до сих пор заставляет задуматься над этой проблемой и профессионалов-диетологов, и тех, кто хочет привести себя в хорошую форму и укрепить здоровье.

Предрасположенность к набору веса была у Лучано с детства. Его отец трудился пекарем в маленьком итальянском городке Модене. А всякие булочки-батоны, равно как и традиционные итальянские паста, пицца и лазанья, отнюдь не способствуют субтильной внешности. Но в юности и молодости Паваротти удавалось не только не набирать вес, но и приобрести спортивное телосложение, а также в определенном смысле укрепить организм. Как и многие итальянские подростки, он был влюблен в футбол, и активные тренировки позволили Лучано достичь некоторых успехов в этом виде спорта. Он прекрасно играл в воротах и был одним из кандидатов на переход в профессионалы. Родители, правда, не горели желанием видеть сына футболистом. Видимо, и до Италии дошла советская поговорка: «Были у отца три сына: два умных, а третий — футболист». И Паваротти в девятнадцать лет стал брать уроки пения, а не спортивного мастерства. Скорее всего, родители оказались правы, хотя — кто знает — может быть, величайшим голкипером двадцатого века сейчас называли бы не Льва Яшина, а Лучано Паваротти. Любовь к футболу он сохранил до конца жизни, болел за «Ювентус» и даже в семидесятилетнем возрасте пересматривал видеозаписи старых матчей этой команды.

Врачи утверждают, что излишняя масса тела — практически обязательный спутник профессиональных оперных певцов. Они поют, активно используя мышцы живота, и именно поэтому для них «размер имеет значение». А постоянное напряжение диафрагмы каким-то образом приводит к гормональным сдвигам, которые в свою очередь также способствуют набору веса.

«Греческий соловей» и другие зарубежные гости

Вес пришел к великому тенору не сразу. В шестидесятых-семидесятых он еще мог позволить себе фотографироваться в бассейне либо в спортивной одежде, но после сорока кривая его веса активно пошла вверх. Хотя Паваротти пытался поддерживать форму, играя в теннис и гольф, занятия эти были эпизодическими и серьезного эффекта не давали. А в вопросах еды и питья Лучано был настоящим гурманом. Понятное дело, материальные проблемы его не волновали с молодости, поскольку работал он достаточно активно, пользовался популярностью и любовью слушателей, соответственно, зарабатывал много. И мог позволить себе «фирменные блюда» — например картошку, вместо соли приправленную черной икрой. Жареная свинина, мучные и сладкие блюда, большое количество вина если не составляли основу рациона певца, то, во всяком случае, регулярно входили в его меню. И вес начал нарастать. Сначала сто тридцать килограммов, а потом все больше и больше.

Серьезно относиться к собственному здоровью и лишнему весу Паваротти стал в конце семидесятых — начале восьмидесятых. С ним работали различные диетологи, которым время от времени удавалось привести Лучано в неплохую форму. Но потом он опять срывался. В одном из своих интервью он говорил о том, что многие оперные певцы сталкиваются с проблемой голода после концертов. Для него же этот голод был непреодолимым. Он ночью совершал набеги на собственный холодильник, опустошая полки одну за другой. Врачи называют такое состояние организма булимией. Лучано выгонял одних диетологов, нанимал других, но сброшенный вес все время возвращался, причем часто с солидной прибавкой.

Нельзя сказать, что сам Паваротти не понимал сложности своего положения. Ему было трудно ходить, передвигаться по сцене, даже влезать в автомобиль. Он не помещался в стандартное девятнадцатидюймовое кресло первого класса самолета British Airways и был вынужден нанимать личный чартер. Могучее некогда здоровье так-

205

же серьезно пошатнулось. У него появилась одышка, коленные суставы, не выдерживая огромный вес, особенно во время работы на сцене, начали деформироваться и болеть. К середине девяностых Паваротти уже подумывал о завершении карьеры певца, все чаще говоря о том, что будет петь лишь до шестидесяти лет. Но ему на помощь пришла любовь.

В 1992 году маэстро впервые увидел свою будущую супругу, двадцатитрехлетнюю Николетту, которая нашла себе летнюю подработку в качестве администратора на ежегодном международном мероприятии в Модене, посвященном Паваротти. Внимания певца девушка поначалу не привлекла. Ее это несколько расстроило — Лучано проходил мимо нее каждый день, но даже не отвечал на робкие приветствия. На следующий год она получила приглашение поработать там же и в том же качестве. Легенда гласит, что Николетта случайно зашла в комнату, где отдыхал Паваротти, и, когда в воздухе повисла неловкая пауза, вместо извинений выпалила: «Вы любите лошадей?» Тема для беседы была найдена, и после получасового общения Лучано предложил девушке место секретарши с испытательным сроком. Она выдержала его настолько успешно, что быстро получила постоянную работу, а через три года Паваротти объявил своей супруге, что хочет развестись с ней. И развелся. Не сразу, конечно, а еще спустя три года (все-таки Италия — страна католическая). Правда, все это время певец путешествовал вместе с молодой подружкой, которая, кстати, постепенно начала работать над его здоровьем и внешностью. Сперва он сбросил вес со ста шестидесяти до ста тридцати килограммов, а затем и до ста двадцати. Чтобы привести себя в порядок к очередному юбилею начала певческой карьеры, в 1998 году маэстро похудел на сорок килограммов. Николетта не только следила за его диетой, исключавшей любимые Паваротти спагетти, громадные порции мяса, хлеб и алкоголь, но и заставляла заниматься фитнесом. Лучано покорно ходил по беговой дорожке не менее десяти минут в день, качал пресс, играл в теннис и гольф. Молодой женщине удалось сделать то, что не сумели диетологи — «убрать» несколько десятков килограммов у шестидесятилетнего человека, пищевые привычки которого формировались десятилетиями.

В течение последних лет жизни вес маэстро колебался от ста двадцати до ста тридцати пяти килограммов. Конечно, когда тебе к семидесяти, и это многовато, но, как утверждают медики, Николетта (кстати, родившая ему дочку Алисию и ставшая в 2003 году его законной супругой) не только продлила жизнь тенора, но и улучшила ее качество. И если бы не рак поджелудочной железы — болезнь, с которой бороться пока не научились, Лучано и сегодня был бы с нами. Великий певец покинул этот мир в сентябре 2007 года...

Сам Паваротти относился к своему похудению с юмором. В одном из интервью он говорил: «Диета у меня одна — надо просто пересилить себя и не кушать вкусную еду, когда ужасно хочется. Желаешь поужинать? Возьми и откажись — ложиться спать следует голодным. Между прочим, очень действенно — пару раз я похудел на тридцать килограммов. Но мне стройность и не требуется — я певец, а не фотомодель...»

В рассказах о том, как избавлялись от лишнего веса зарубежные звезды первой величины, здравствующие или ушедшие от нас, меня больше всего удивляло наличие у них подобных проблем вообще. Как и многие наши граждане, я долгое время думал, что уж на Западе-то знаменитости могут позволить себе выбрать любой путь к нормализации веса. Получая миллионы, а то и десятки миллионов долларов в год, можно поставить себе на службу любого диетолога, хирурга или психолога. А потом, в середине девяностых, я услышал многое объясняющий анекдот. «Новый русский встречает в ресторане приятеля. Тот удивленно смотрит, как этот богач поглощает крайне вредные продукты: жирное мясо, картошку, пельмени, запивает все это водкой. Наконец, приятель говорит: «Ты же рассказывал, что был на обследовании у врача и он тебе запретил все это!» Новый русский, не прекращая жевать, отвечает: «Я ему дал тысячу долларов, он мне все снова разрешил...»

На самом деле у этого простого анекдота есть глубокая философская основа. Очень богатые люди часто не могут понять, что деньги не всесильны, и иногда что-то, кроме бизнеса или творчества, надо делать самим. В вопросах здоровья они теряются, думая, что могут выздороветь, лишь заплатив врачу. Отсюда и их проблемы. Они, как выяснилось, точно такие же люди, как и мы все: не могут отказаться от еды, не хотят менять привычный образ жизни, ждут чуда. И иногда оно приходит в виде безумной, всепоглощающей мотивации. Это может быть любовь, карьера, смертельная угроза здоровью. Все, как у нас, только возможностей у них больше. Но и соблазнов — тоже.

МИХАИЛ ШУФУТИНСКИЙ.
МИНУС ТРИДЦАТЬ!

Чтобы начать сбрасывать вес, надо в первую очередь осознать, что он тебе мешает. Органам тоже должен это понять. И нужно питаться раздельно. Потому что когда ты в себя закидываешь все подряд, желудок не понимает, какой сок ему выделять.

Есть правила — совершенно простые, но невероятно действенные. Первое: никогда не есть за компанию. Второе: есть только тогда, когда действительно хочется. Третье: если захотел есть — возьми стакан воды и выпей его. Через десять минут ты поймешь, хочешь есть или нет. Четвертое касается жиров и белков: не есть ничего тушеного, ничего копченого и жареного на сковородке. Пятое: есть мясо, только приготовленное на открытом огне или на гриле. Шестое: питаться раздельно.

Главное — осторожность и постепенность. Худеть надо с умом, с головой. И чем старше становишься, тем труднее выбирать путь. В современном мире с его возможностями, с обилием вариантов леченья, диет, систем питания и прочего, нужно проявить свои интер-

Чтобы начать сбрасывать вес, надо в первую очередь осознать, что он тебе мешает. Организм тоже должен это понять. И нужно питаться раздельно. Потому что когда ты в себя закидываешь все подряд, желудок не понимает, какой сок ему выделять.

Есть правила — совершенно простые, но невероятно действенные. Первое: никогда не есть за компанию. Второе: есть только тогда, когда действительно хочется. Третье: если захотел есть — возьми стакан воды и выпей его. Через десять минут ты поймешь, хочешь есть или нет. Четвертое касается жиров и белков: не есть ничего тушеного, ничего копченого и жаренного на сковородке. Пятое: есть мясо, только приготовленное на открытом огне или в гриле. Шестое: питаться раздельно.

Главное — осторожность и постепенность. Худеть надо с умом, с головой. И чем старше становишься, тем труднее выбирать путь. В современном мире с его возможностями, с обилием вариантов лечения, диет, систем питания и прочего, нужно проявить свой интел-

> лект — чтобы выбрать подходящее именно для твоего
> организма, и волю — чтобы не бросить следить за со-
> бой, за своим здоровьем. У нас одна жизнь, и по боль-
> шей части от нас зависит, каким будет ее качество.

Про Михаила Шуфутинского я услышал задолго до того, как он
стал известным исполнителем — причем известным как в Америке,
так и в России. Мой старинный друг Максим Капитановский, музыкант, писатель, журналист и кинорежиссер, несколько лет работал
под его руководством — был барабанщиком в ансамбле «Лейся песня!» И уже будучи звукооператором «Машины времени», неоднократно рассказывал о славных гастрольных поездках, забавных случаях
из жизни артистов, в том числе и уважаемого Михаила Захаровича.
А потом в СССР появились первые кассеты с записями «Атамана», популярность которого бежала впереди него. Сегодня же Михаил Шуфутинский — признанный лидер музыкального направления, которое у
нас в стране именуют «шансоном», и один из самых уважаемых в
этом бизнесе людей (несмотря на непростой характер).

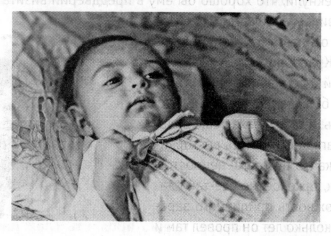

Этот мальчик с грустными глазами - Мишенька Шуфутинский

Михаил Шуфутинский. Минус тридцать!

Родители Михаила познакомились еще будучи студентами-медиками. Но сам он врачом не стал. Этому еврейскому мальчику выпало в жизни множество испытаний, судьба заносила его за десятки тысяч километров от дома, но он все же сумел найти себя, создать собственное серьезное дело и сделать свое имя суперизвестным. Причем сольной карьерой он занялся только тогда, когда ему уже было далеко за тридцать. «Надо же, — говорил мне Макс Капитановский, — в «Лейся песня!» Миша никогда не пел. Если что-то нужно было показать, садился за рояль и играл. Наверное, новая родина заставила...»

Конечно, Михаил Шуфутинский умел петь и до того, как уехал в Штаты, но занятие это для него, скорее, стало вынужденным. Он никак не мог вписаться в социалистическую систему. Вроде бы и получил уважаемую специальность дирижера, но занимался не совсем тем, что предусматривала эта профессия в нашей стране в начале семидесятых. Работал концертмейстером, ресторанным музыкантом, музыкальным руководителем эстрадного коллектива. В музыкальных кругах он был уже тогда человеком популярным, даже известным, и общался с множеством людей. В том числе и с теми, кто попадал в сферу внимания КГБ. Когда он окончил музыкальное училище, «компетентные органы» намекнули, что хорошо бы ему в преддверии визита американского президента Ричарда Никсона в Москву отправиться «подирижировать» в Красноярск.

Молодой специалист (ему тогда было чуть больше двадцати) не стал испытывать судьбу и уехал еще дальше — в Магадан, работать ресторанным музыкантом. Место непростое, скажем так, тяжелое, но все-таки давало возможность приличного заработка. Несколько лет он провел там и возвратился в Москву только летом

Маленький Миша с мамой

ПОХУДЕЙ СО ЗВЕЗДАМИ

1974 года. Здесь он начал трудиться в качестве музыкального руководителя — сперва в популярном в то время квартете «Аккорд», потом в ансамбле «Лейся песня!», который Шуфутинский сделал одним из самых востребованных гастрольных коллективов. Работали его музыканты классно: я помню, в 1977 году был на их концерте, на стадионе «Динамо» в Москве. Несмотря на явное жанровое ограничение (никаких там буги-вуги), звучало все очень профессионально, причем заметно отличалось в лучшую сторону от записей, которые выходили на пластинках. Тому, кстати, есть своя причина: в соответствии со специальным инструктивным письмом, на записи просто «обрезались» нижние частоты (сейчас их наоборот выделяют сабвуферами), а также минимизировалось «искажение звука» (имелись в виду гитарные эффекты). А еще до 1986 года в нашей стране в концертных залах ходили специальные люди, замерявшие уровень громкости звука специальными приборами и имевшие право остановить концерт до «устранения превышения».

Система отечественных концертных организаций в середине семидесятых была такой непростой, что какая-нибудь современная по-

Ансамбль «Лейся, песня». Михаил Шуфутинский (крайний справа)
и в 70-е годы был крупной фигурой

литическая система «сдержек и противовесов» по сравнению с ней — просто детская игра. В ней процветали интриги и подставы. Успешных музыкантов и руководителей коллективов «ставили на место». Частенько их, под угрозой роспуска или лишения возможности выступать, просто «доили», вымогая значительные для того времени суммы. Досталось и Шуфутинскому. Для начала он побыл «невыездным», то есть не попадал в списки лиц, которым советское государство доверяло представлять отечественное искусство за рубежом. Затем его коллективу практически запретили гастрольную деятельность. И Шуфутинский, получив вызов из Израиля, подал заявление на выезд. Рассматривалось оно года два, и в начале 1981 года его с семьей все-таки выпустили через Вену и Рим в Нью-Йорк (как обычно делали в то время).

Наступила непростая эмигрантская жизнь. В ней было много всего: и работа охранником ювелирного магазина, и случайные заработки в ресторанах и на киностудиях, и серьезные финансовые потери... Но уже через год с небольшим он записал свой первый альбом, и началось его восхождение к музыкальному Олимпу. А было Михаилу Шуфутинскому тогда уже тридцать четыре года...

Его кассеты вовсю продавались в Советском Союзе и тиражировались, думаю, миллионами, а он все оставался там, за океаном. И «дебютировал» в СССР ровно двадцать лет назад — летом 1990 года. Вернулся он в Россию совсем уже не мальчиком, а сорокадвухлетним солидным мужчиной. И вот уже два десятилетия радует своих многочисленных почитателей новыми песнями и активной концертной деятельностью.

Однако я как-то отвлекся от главной темы... Думаю, многие помнят, как выглядел Михаил Шуфутинский лет восемь назад: колоритная мощная фигура, солидный животик... Даже отлично сидящий и прекрасно сшитый концертный костюм не мог скрыть кое-чего лишнего. Сам он оценивал это «кое-что» в тридцать килограммов. А потом они куда-то исчезли...

215

ПОХУДЕЙ СО ЗВЕЗДАМИ

На эту тему мы с Михаилом Захаровичем беседовали в его огромном подмосковном особняке, в рабочем кабинете, обдаваемом струями холодного воздуха из работающего на полную мощность кондиционера (все-таки, на улице было под сорок). Я отхлебнул из чашки зеленого чая и приготовился слушать рассказ Шуфутинского...

«Я никогда не был худым. Вообще-то когда дети растут, развиваются, они в обычных условиях не успевают растолстеть. Я воспитывался у бабушки, и она, конечно, меня закармливала. Проблема состояла в том, что бабушка приучила меня к вкусной еде. И такое было не только со мной. Я помню «родительские дни» в пионерских лагерях — когда приезжали родители с кастрюлями и сковородками, с пакетами и корзинками. И мы, дети, сидели и ели, ели, ели. Просто кошмар какой-то! Потом с полными животами уходили обратно в лагерь. Разве можно было так кормить всех без исключения детей? Как на убой! Это ужасное непонимание смысла принятия пищи вообще.

Что касается меня, то я потихоньку толстел, был таким пышненьким мальчиком. Потом рос и худел, снова толстел, подрастал — худел. В двадцать лет я был не худым и не толстым — нормальным. По-

Со временем Михаил Захарович стал центральной фигурой

Михаил Шуфутинский. Минус тридцать!

правляться стал примерно между двадцатью пятью и тридцатью годами, когда оказался на Колыме. Я начал там прилично выпивать со всеми вместе и жрать, что попало, и так далее, и так далее. Работая в ансамбле «Лейся песня!», я был уже такой комплекции: джинсы примерно пятьдесят второго размера, а пиджак пятьдесят четвертого — то есть человек склонный к полноте, но не толстый.

В Америке я тоже время от времени то поправлялся, то худел. Там в принципе так принято — держать себя в форме. Поэтому в Штатах я садился на различные программы снижения веса. То, что в Америке гораздо больше толстых людей, чем у нас, — это миф. Наоборот, в России меньше людей нормальных. Например, едешь по Санта-Монике и видишь: одно за другим стоят многоэтажные здания со стеклянными стенами — спортивные клубы. И там — сотни людей, занимающихся спортом. Мы просто обращаем внимание не на нормальных людей, а именно на чем-то выделяющихся, в данном случае, более крупных. В Америке у них меньше комплексов, они не сидят дома, а являются полноценными членами общества, ходят по улицам и совершенно не стесняются своего вида.

В Штатах с ансамблем «Moscow nights» 1987 г.

217

ПОХУДЕЙ СО ЗВЕЗДАМИ

Американцы — совсем другие люди, в ментальном смысле — точно. Кто-то говорит: «Американцы — такие, как мы». Чушь! Они совершенно другие. Там не может быть какого-то особого отношения к тебе из-за того, что ты толстый. В Штатах считается неприличным обращать на это внимание. Важно, какой ты человек, а не какая у тебя внешность. Они, конечно, могут заметить твой акцент, произношение, но, если хотят взять твои деньги, в любом случае тебя поймут. Американцы даже думают иначе. Может быть, куда-нибудь на работу, в офис, примут охотнее человека нормального сложения, чем толстого. Но, думаю, что в этой ситуации легко поднять вопрос о дискриминации по данному признаку. И тогда работодателю уже в суде придется доказывать, что он в своем выборе руководствовался совершенно иными мотивами — профессиональной квалификацией, например, либо опытом.

Наверное, у нас тут отношение к полным людям на бытовом уровне иное. Могут и пальцем показывать, да и другие негативные моменты имеются. Но на себе я этого не чувствовал, даже когда был довольно большим. Я вернулся сюда уже достаточно известным человеком. И меня если любили, то совершенно за другое. Никого не волновала моя комплекция. Если и не нравилось что-то во мне, то не полнота. Так что меня эта проблема обошла.

Любимец женщин

Михаил Шуфутинский. Минус тридцать!

Расскажу о моих американских опытах с похудением. В свое время я сидел на системе Дженни Крэйг. Доходило до смешного. Я покупал себе еду на неделю — такие маленькие баночки и упаковочки. А каждый понедельник у нас была «исповедь» — мы приходили, садились вместе, разговаривали. Я никогда не забуду, как одна барышня (ей было, наверное, лет пятьдесят уже) в слезах говорила: «Я так себя ругаю, я так себя ненавижу!» Все спрашивали: «Что такое случилось?» А она отвечала: «Я вчера пошла в «Макдональдс» и съела гамбургер». И все клеймили ее позором и нехорошими словами: «Как ты могла? Ведь это же нельзя!» Короче, люди мучились, не имея возможности что-то себе позволить, что-то съесть.

Для справки

Система Дженни Крэйг появилась в 1983 году в Австралии, а в США начала внедряться в 1985 году. В 2005 году в США, Канаде, Австралии, Новой Зеландии и Пуэрто-Рико насчитывалось уже шестьсот сорок пять «центров физиологии Дженни Крэйг».

Суть программы — это использование специальных маленьких предупакованных порций пищи. Это замороженные завтраки, обеды, ужины и десерты. Кроме них, можно есть любые некрахмалистые овощи, не очень сладкие фрукты, злаки и обезжиренные молочные продукты.

Идея программы — научить клиентов, в конце концов, питаться любыми продуктами и контролировать порции.

Для каждого клиента с учетом его возраста, веса, роста, консультантом вырабатывается индивидуальное меню.

Особенность программы — возможность постоянно получать телефонную или онлайновую консульта-

219

> цию, а раз в неделю — очно общаться с консультан-
> том в группе (об этом и рассказывает Михаил Шуфу-
> тинский). — А.Б.

Однажды, в 2002 году, я сбросил за год тридцать килограммов. Меня замучил подагрический артрит. И мне рекомендовали доктора Волкова, занимавшегося нетрадиционным решением медицинских проблем. Он жил тогда на шестом этаже дома без лифта. И я поднимался к нему, буквально «втаскивая» себя с помощью рук. Хватался за перила и тянулся вверх. Так у меня болели колени, да и другие суставы. И вот, когда мы с ним встретились, пообщались, он говорит: «Да, похудеть, сбросить вес — это вообще не проблема. Главное — избавиться от всяких ваших болячек». Он меня снял со всех лекарств, а у меня ведь и диабет второго типа был, и другие болезни. Правда, и сам я тогда был помоложе и вполне мог обойтись без лекарств.

Волков взял у меня анализ крови, определил продукты, которые не вызывали у меня пищевой аллергии, и посадил на соответствующую диету. Первоначально мне можно было кушать не так уж и много: укроп, орегано, другие травы. Плюс к этому — говядину, еще какое-то мясо. И конечно, были правила, которым я обязан был подчиняться. Совершенно простые, но невероятно действенные. Первое: никогда не есть за компанию. Второе: есть только тогда, когда действительно хочется. Третье: если захотел есть — возьми стакан воды и выпей его. Через десять минут ты поймешь, хочешь есть или нет. Четвертое: что касается жиров и белков — не есть ничего тушеного, ничего копченого и жаренного на сковородке. Пятое: есть мясо, только приготовленное на открытом огне или в гриле. Шестое: питаться раздельно.

Я стал неукоснительно следовать этим правилам, и уже через несколько недель почувствовал себя значительно легче. Постепенно отказался от всех таблеток, а к тому же начал худеть. Ровно за год я потерял тридцать килограммов. Волков сказал, что я худею даже быст-

220

За работой в студии «Wild cat»

рее, чем он думал, и у меня была возможность сбросить еще немного. Но придя к весу в сто килограммов, я почувствовал, что мне в нем комфортно, и решил, что теперь моя задача — поддерживать этот вес.

Конечно, я попал на весь свой гардероб, а он у артиста моего жанра достаточно обширный. Что-то пришлось шить заново, что-то перешивать, что-то покупать новое. Но это были приятные хлопоты.

Года три я очень прилично держался, вес у меня не двигался. А потом я бросил курить. Причем бросил внезапно. В один момент почувствовал себя очень плохо. Стал просыпаться от свистящих и хрипящих звуков собственного дыхания. И тогда вдруг понял, что должен бросить курить именно сейчас. Иначе просто умру. И бросил в одну секунду. У меня потом еще несколько лет по дому валялись сигареты там, где я их оставил. Как будто специально, чтобы меня провоцировать. Но курить я так и не начал. Зато начал жрать!

Я метал в себя все подряд, чтобы этим заменить курение. Я забросил все диеты, всякое раздельное питание. Я набирал килограмм за килограммом, и, в конце концов, стал весить сто шестнадцать. И с этой точки не мог сдвинуться ровно два года. Вообще никак, ни на килограмм. Метаболизм у меня поменялся, и организм категоричес-

221

ПОХУДЕЙ СО ЗВЕЗДАМИ

ки не хотел отдавать вес. Я сажусь на диету, а организм «говорит» мне: «Ах, ты садишься на диету! Тогда я буду еще больше экономить энергию, еще больше вырабатывать жира, откладывать запасы!» Но не было бы счастья, да несчастье помогло: я сломал обе ноги. И у меня начались осложнения в виде посттравматического артрита.

А произошло все так. В шесть часов утра 22 декабря 2009 года мы улетали из Екатеринбурга, где у меня был концерт, в Омск. Спускаясь из VIP-зала по лестнице, в которой и было-то всего шесть-семь ступенек, я оступился, упал, покатился и заработал три перелома костей ступни на левой ноге, и два перелома костей лодыжки — на правой. Не поняв ничего от страшной боли, я сумел встать, сесть в машину, которая выезжала на летное поле, и зайти в самолет, присланный за нами спецрейсом. Я выпил в полете стакан коньяка, а по прилете в Омск мне сделали обезболивающие уколы. В три часа дня я уже стоял на сцене и час пел. Я выступал!

Хуже, конечно, было ночью, когда вся эта штука начала отходить. Я проснулся от боли, хотел встать и пойти в туалет, попробовал под-

Михаил Шуфутинский и король блюза BB King

няться, но просто рухнул, как говорят, «на четыре угла». Это, конечно, было страшно. Омск, утро, тридцать три градуса мороза. Инвалидную коляску найти невозможно, а мне нужно лететь в Москву. За мной приехал автобус МЧС — «Газель», которая, похоже, отапливается изнутри исключительно собственными выхлопными газами. И в этот жуткий мороз машину не пустили на взлетное поле к самолету, поскольку она не аэропортовская, а чужая. Меня два грузчика под пронизывающим ветром уложили на носилки и понесли через летное поле. И в голове мо-

Исторический максимум. Вес 130 кг. 2002 г.

ей стучала только одна мысль: «Лишь бы не умереть!» Меня загрузили в самолет, а в Москве (там встреча была нормальной, да и погода тоже помягче) срочно отвезли в больницу к нашему знаменитому травматологу Королеву, который после рентгена констатировал несколько переломов. Через два месяца кости срослись, но при этом были большие проблемы с восстановлением сосудов, нервных волокон, мышечной ткани, которая, собственно, эти кости и окружает. У меня начался так называемый посттравматический артроз. То стопа болела, то колено, то другая стопа. Ко всему этому присоединилась подагра — страшная болезнь, известная с древних времен. Ее еще называли «болезнью королей», поскольку она прямо связана с определенными излишествами и погрешностями в питании. Лечиться от нее невозможно. Только следить за питанием и чистить организм, в частности кровь. В конце мая этого года я поехал с концертами на Дальний Восток — во Владивосток, Хабаровск, Благовещенск. Все билеты были проданы, а я по прилету оказался в таком состоянии, что меня при необходимости три здоровых мужика поднимали и сажали на унитаз. Я просто не мог встать, не мог даже опираться на ноги. Мне тут же поставили капельницу с кортикостероидом — преднизолоном, который снимает на время воспаление и, собственно, болевые ощущения. Я буквально вскочил, радуясь свободе движений, затем два часа пел, после улетел в Москву. А там у меня снова отказали ноги.

Меня привезли в Кремлевскую больницу, что называется, «откачивать». В моем организме скопилось столько пуриновой кислоты, что суставы просто не имели физической возможности нормально работать и жутко болели. В больнице мне буквально чистили организм от этой самой кислоты, которая разрушает хрящи в суставах. Это было два месяца назад. Там работают очень квалифицированные специалисты, и я до сих пор прохожу у них курсовое лечение и профилактические процедуры. За этот период я похудел на десять килограммов и сегодня вешу ровно сто пять. А похудел я не потому, что придерживаюсь какой-то определенной диеты. Нет, я просто начал

Михаил Шуфутинский. Минус тридцать!

питаться по-другому. При моей болезни много чего нельзя. Кроме того, я перестал выпивать. Вот почти два месяца не выпиваю ни капли спиртного. Пью только воду, сок, иногда кофе и чай. Не выпивать — это отвратительно, ужасно. Но я ничего не могу сделать. Для меня важнее здоровье, возможность работать, нормально передвигаться и вообще жить нормально. Конечно, это тяжело, особенно когда ты в компании, с друзьями. Или после концерта проходит какое-то мероприятие, и ты должен поднять с губернатором рюмку за благополучие и процветание области.

Покойный Леня Дербенев как-то сказал: «Ребята! Однажды мне приснилась Богородица. И проговорила: «Ты, Леня, свое уже выпил, а чужого не тронь!» Вот с тех пор я «чужое» не пью». Я теперь тоже всем говорю, что свое уже выпил. И перестал употреблять алкоголь вообще. Чистую воду — пожалуйста! Это, кстати, очень хорошо влияет на организм и сильно содействует сбросу веса.

Я считаю, что безалкогольная жизнь важна и потому, что ты перестаешь жрать. Когда пьешь, тебе хочется есть много и вкусно. Закусывать, например. Это хорошо, красиво. Приятно посидеть, выпить-закусить с друзьями! Но я похудел за два месяца на десять килограммов незаметно для себя. Самое интересное, что мой образ жизни не изменился. Я плаваю в бассейне, встречаюсь с приятными мне людьми, сижу в компаниях, езжу отдыхать, выступаю с концертами, благо здоровье мне теперь это позволяет. Я делаю все то же самое, но не пью. Многие

Шуфутинский: минус тридцать!

225

уже к этому привыкли. Кстати, я знал людей, которые никогда, за всю свою жизнь, не выпили ни одного грамма. И все к этому привыкают, нормально относятся. С хорошими людьми воду пьешь и пьянеешь!

Чтобы начать сбрасывать вес, надо в первую очередь осознать, что он тебе мешает. Организм тоже должен это понять. И нужно питаться раздельно. Потому что когда ты в себя закидываешь все подряд, желудок не понимает, какой сок ему выделять. Ты съел винегрет, заел его хлебом, потом картошку с селедкой, залил все это водкой, и каждый раз организм не понимает, что ему делать. В результате расстраивается вся система. Метаболизм нарушается. И это не выдумки доктора Волкова. Я долго жил с этим, и сейчас опять перешел на такой тип питания. Я люблю хлеб. Но ем теперь бездрожжевой, с зеленым луком, с укропом, с огурцами. Я люблю помидоры. Но никогда не ем их с мясом — только с молодым сыром. Надо просто соблюдать определенные правила. Это легко. И когда ты это делаешь, организм через две-три недели начинает привыкать к этой схеме. Ты сам удивляешься, что вдруг начинаешь худеть. Я вчера прилетел из Америки и поднялся к себе на второй этаж. Там у меня есть концертные костюмы трех-пятилетней давности. Мне всегда шьют их в Голливуде, и

С Басковым. В меру упитанные мужчины...

они стоят дорого, минимум полторы-две тысячи долларов за костюм. Три месяца назад они все мне были малы. А вчера я их надел! И они все застегнулись... Всего-то десять килограммов! И я уменьшился-то не столько по весу, сколько по объему. Правда, другие концертные костюмы теперь велики — те, что я шил в прошлом году и в начале этого. Придется их теперь везти обратно и перешивать. Но это приятные хлопоты. Ты следишь за собой, и видишь результат, видишь, как это все действует.

Я вполне хорошо отношусь к спорту, к физическим нагрузкам. В последнее время мне, однако, помешали мои травмы и болезни. Сейчас я с удовольствием плаваю в бассейне, прямо тут, в доме, хожу, делаю разминку.

А что касается различных систем похудения, в том числе и Риты Королевой, для меня это слишком сложно. Что я ем? Вот сегодня с утра выпил кофе, а днем съел большую пиалу гречневой каши с салатом. Приправил оливковым маслом с привкусом белых трюфелей. Очень вкусно, кстати. Затем поехал на работу в офис. Потом к врачу, затем вернулся сюда, домой. Съел чуть ли не половину вареной курицы. Не очень большой курицы, но все-таки... Вечером, возможно, съем творога с какими-нибудь ягодами.

Мне, конечно, значительно легче, когда вес уменьшается. И я уже не хочу жить по-другому. И с моральной точки зрения, и с точки зрения общего здоровья, и с точки зрения профессиональной карьеры.

Я знаю, что худеть надо очень аккуратно, потому что организм никаких ошибок не прощает. Если он не хочет худеть, то отвечает болезнями: «На тебе такую болячку, попробуй, справься!» А начинаешь бороться с ней — приходишь в состояние стресса, которое не только мешает худеть, но и ведет к новым болезням. Так что главное — осторожность и постепенность. Худеть надо с умом, с головой. И чем старше ты становишься, тем тебе труднее выбирать путь. В современном мире с его возможностями, с обилием вариантов лечения, диет, систем питания и прочего, нужно проявить свой интеллект — чтобы выбрать подходящее именно для твоего организма, и волю — чтобы не бросить следить за собой, за своим здоровьем. У нас одна жизнь, и по большей части от нас зависит, каким будет ее качество.

Надо слушать свой организм. А мы не привыкли следить за ним, понимать, как он реагирует на те или иные раздражители. Вот ты съел что-то вечером, а у тебя живот разболелся. Глотнул таблетку — и на работу. И не вспоминаем, что накануне съели мясо, запили его кефиром, а потом еще чаю горячего, к примеру, выпили. Вот и все. Следите за тем, что «говорит» вам ваш организм. А он иногда ведь буквально кричит: «Не надо так! Вчера ты сделал ошибку! Нельзя так!» А потом мы удивляемся, откуда у нас гастрит, язва и прочие болезни.

Михаил Шуфутинский. Август 2010 г.

Михаил Шуфутинский. Минус тридцать!

Отдельный вопрос — это питание вне дома. Например, на отдыхе. Одна моя приятельница съездила отдохнуть и после жаловалась: «Вот ела одни фрукты и овощи, набрала четыре килограмма». Я спрашиваю: «Какие фрукты?» А она говорит: «Виноград, бананы…» Да как тут не набрать? Виноград — практически чистая фруктоза, то есть сахар, бананы — крахмал, тоже весьма калорийный. А «шведский» стол — вообще катастрофа! Такое разнообразие продуктов, блюд, что хочется попробовать и одно, и другое, и третье. Но так нельзя…

На гастролях я раньше почти не питался в ресторанах. Мой ассистент возил с собой готовые блюда. Отварной язык, например. Но сейчас, в связи с подагрой, мне нельзя есть никаких внутренностей. Ни язык, ни печенку, ни почки, ни сердце. Я знаю, что мне можно выбирать в ресторанах сейчас, и ем именно это. На худой конец, мясо, приготовленное на гриле. Еще несколько лет назад нормальный гриль в ресторане нужно было искать, а сейчас он есть во многих местах. Есть и нормальное не перемороженное австралийское мясо в

С Примадонной на «Радио Алла». 100 кг

вакуумной упаковке, которое сохраняется свежим. С продуктами теперь почти хорошо стало. Мы просто забыли те времена, когда в магазинах — шаром покати, и купить любое мясо было за счастье.

В Москве для меня продукты покупают на Дорогомиловском рынке. Кое-что докупается в «Азбуке вкуса». Но и на рынке нужно знать людей, иметь своих поставщиков, поскольку нарваться можно на что угодно — «обколотое» мясо, «реанимированную» рыбу...

Но в сравнении с Америкой, у нас, к сожалению, и сейчас на прилавках ничего нет. Происходит это, на мой взгляд, потому, что торговля у нас совершенно не обустроена. Владельцы магазинов закупают продукты на свой собственный вкус. В Штатах есть одна, неведомая нам, но совершенно точная наука. Прежде чем начать работать, люди учатся, как заполнять полки магазинов и чем. Есть минимум продуктов, который должен быть везде. Может не быть двадцати сортов оливкового масла, но пять — обязательно! У нас же частенько бывает трудно найти необходимое. Потому что владелец этой сети супермаркетов не считает, что это должно быть в его в магазине. У американцев есть специальность — «менеджер продовольственного магазина». У нас же на эту должность просто берут человека со стороны, более или менее хваткого, а он уже заказывает то, что ему нравится.

А еще у меня вызывает большое сомнение качество продуктов, которые у нас продаются. Особенно, конечно, колбасные изделия, сосиски. Все это ужасно.

У Америки свои плюсы и свои минусы, но сейчас там все намного дешевле, чем у нас. А были времена, когда там было дороже. Кроме того, там есть разные магазины — дорогие и не очень. Есть оптовые магазины. У нас все это тоже имеется, но продукты все равно везде стоят значительно больше. Ну а если учесть, что там средняя зарплата превышает таковую же у нас раз в десять, то понятно: на продукты американец тратит отнюдь не основную часть своего дохода.

Если вы решили всерьез заниматься собой... Прежде чем положить что-то в себя, подумайте, надо ли это делать. Найдите на это время. Когда мне говорят: «А что, вам это нельзя?», я отвечаю: «Нет, мне это можно, но не нужно». Я стараюсь выбирать только действительно нужное. Такой выбор не может работать постоянно, бывают сбои. Но когда система работает, она себя оправдывает. Я советую всем следить за своим питанием. Все мои проблемы в жизни — только из-за неправильного питания. В молодые годы, когда организм выстраивал неправильную цепочку взаимоотношений с мозгами, закладывались те болезни, которые пришли с возрастом. Суставы, по-

Дома у Шуфутинского. Михаил Захарович — 105 кг.
Алексей Алексеевич — 175 кг. 10 августа 2010 г.

звоночник — у меня они болели только от веса. Подагра — от неправильного питания и нарушения обменных процессов в организме. Диабет, артрит — это исключительно от еды.

Когда-то я проходил курс лечения иглоукалыванием. Приезжал из Вьетнама пожилой профессор, который был большим специалистом по рефлексотерапии и травам. И он говорил мне: «Кусать надо, как осень бедный селовек!» И я думаю, что это правильно, в этом есть свой резон».

Михаил Захарович Шуфутинский — человек талантливый, известный и популярный, имеющий к тому же ярко выраженную склонность к аналитическому мышлению. Видно, что он активно потребляет и перерабатывает море информации: стол в его рабочем кабинете завален книгами, бумагами, компьютер не выключается. Перед нашей встречей он, сидя в своем любимом кресле, изучал книгу издания начала прошлого века о донском казачестве. И мы с ним даже немного побеседовали на эту тему.

Гигантский жизненный опыт дает ему возможность почти профессионально рассуждать о проблемах, прямо не связанных с его творчеством. Если мы говорим о диетологии, то он, конечно, в курсе всех основных направлений, если о медицине, то может «по полочкам» разложить любую болезнь, особенно ту, с которой сталкивался сам.

Поэтому, я надеюсь, читателям интересно было познакомиться с заокеанским взглядом на проблему борьбы с лишним весом, окрашенным российским колоритом. Или, наоборот, российским взглядом с американским подходом. Михаил Захарович — ярчайший пример гражданина как минимум двух стран. Обе для него знакомы, обе — его дом. И сам он — тоже наш человек. И немного американский...

АЛЕКСАНДР СЕМЧЕВ. КРУПНЕЙШИЙ АКТЕР РОССИИ

Чем медленнее ешь, тем более полное наступает на- сыщение, поскольку еда попадает в желудок посте- пенно. Сок надо пить не с едой, а минут за двадцать- тридцать до нее, чай же, соответственно, через пол- часа после того, как съел блюдо. «Изюминка» тут в следующем. Выпил сок, причем медленно, не то- ропясь — желудок начинает наполняться. Через полчаса, когда сок уже частично вышел из желуд- ка, — основное блюдо. Неторопливо, чтобы оно распределялось в желудке постепенно. Это не дает желудку сильно растягиваться, не перегружает его. И насыщение приходит постепенно. А чай сле- дует пить через полчаса потому, что он тоже обла- дает определенным объемом и может растягивать желудок. Моему — растянутому, правда, это не гро- зит, но со временем, когда я привыкну есть меньши- ми порциями, думаю, такой стиль питания — отлич- ный выход. И вкусно, и полезно...

Перед началом проекта. Апрель 2010 г. Семчев — 170 кг,
Богомолов 187 кг. Апрель 2010 г.

Александр Семчев. Крупнейший актер России

Впервые я увидел Александра Семчева в рекламе. Занятные ролики из истории употребления им шоколадного печенья «Твикс» и пива «Толстяк» (на самом деле он пиво не любит и не пьет) прославили его на всю страну. А добрый характер и фраза: «Ты где был? — Пиво пил!» сделали Александра народным любимцем.

Крупнейший актер современности — ростом в сто семьдесят сантиметров и весом в сто семьдесят (а иногда и в сто восемьдесят с лишним) килограммов, — он снялся в восьмидесяти фильмах и сыграл достаточно много ролей в Московском художественном театре, одном из лучших театров мира. И за рубежом у него соперников совсем немного. Да, там есть большие парни, но назвать их актерами язык не поворачивается. Так, эпизодические роли... У Семчева же и главные роли имеются, и обычные... Так что мы имеем дело с уникальным человеком, который превратил свои очевидные, казалось бы, недостатки в достоинства, своего рода валюту, которая очень хорошо конвертируется.

Когда мне пришла идея создания проекта «Худеем со звездами!», который в то время еще носил рабочее название «Битва гигантов», первым кандидатом в участники был, конечно же, Семчев. В то время я еще не имел никакого отношения к «Комсомольской правде», отдыхал после завершения государственной службы на посту вице-губернатора Орловской области и занимался творчеством. Творчество заключалось в том, что мы с Романом Трахтенбергом писали в соавторстве «роман века» — супертриллер с мистическо-историческим уклоном под названием «Семь сорок». Зная, что у Ромки гигантские связи, я попросил его свести меня с Семчевым. Он когда-то пересекался с ним, тут же позвонил Саше и дал мне самые лестные рекомендации, а точнее сказал: «Я доверяю Алексею, как самому себе». И в начале октября 2009 года мы уселись с Александром в ресторане «Пекинская утка» на Новом Арбате, заказали китайских салатов и зеленого чая и проговорили часа два.

237

ПОХУДЕЙ СО ЗВЕЗДАМИ

Меня заинтересовали не только подходящие для проекта объемы этого человека, а определенная двойственность его характера и поведения. Мне и раньше частенько приходилось встречаться с людьми творческих профессий, со звездами в том числе, которые находились в своего рода «панцире», некой защитной оболочке, не дававшей возможности заглянуть им в душу. Вот и у Семчева, как, наверное, замечали читатели, обычно грустный и озабоченный вид. Иногда можно подумать, что он чем-то обижен, на что-то сердится и

Саша! Тяни ножку!

вообще человек с негативом внутри. На самом же деле он абсолютно позитивен. В душе он настоящий романтик, нежный и тонкий, с большим обаянием и не менее большим талантом. С незнакомыми людьми либо на публике он просто играет свою роль, ограждая себя тем самым от глупых вопросов типа: «Ты где был?» или предложений «попить пивка».

Идея публично привести себя в порядок в проекте «Худеем со звездами!» Саше понравилась, правда, согласился участвовать он после некоторых раздумий. Конечно, его привлекали многие позитивные моменты этого мероприятия — в первую очередь, раскрутка, реклама его имени и образа. Появляться в положительном контексте на страницах газеты тиражом в три миллиона экземпляров в течение четырех-пяти месяцев — мечта очень многих людей из шоу-бизнеса. К тому же (открою секрет) Саша поделился со мной, что кто-то запустил по киностудиям страны слух, будто Семчев сильно растолстел и не может нормально двигаться в кадре, забывает текст и вообще во время съемок засыпает. Я тоже об этом слышал — даже о том, что он мог задремать, не в кадре, конечно, а во время общения с режиссером и актерами, особенно если разговор его мало интересовал, — и прямо сказал ему об этом. (Кстати, у сонливости «больших людей», как мне объяснила всезнающая Рита Королева, есть свои чисто физиологические причины. Главная — организму не хватает кислорода из-за сокращения объема легких, «задавленных» со всех сторон жиром.) Кроме того, габариты и вес сильно ограничивают диапазон ролей, а Александр Львович, помимо криминальных типов и милиционеров, хотел бы играть еще кого-нибудь. И наконец, похудение могло бы решить некоторые его проблемы со здоровьем. Когда в сорок лет уже имеются болезни обмена веществ, не выдерживают сосуды на ногах, мучает одышка, побаливают суставы — это веский повод к тому, чтобы заняться собой.

Но несмотря на перечисленные положительные моменты, Сашу кое-что беспокоило. Во-первых, у него, как и у многих наших востре-

ПОХУДЕЙ СО ЗВЕЗДАМИ

бованных звезд, крайне ограничено время. Репетиции, спектакли, съемки, домашняя работа над текстами сценариев и ролями, поездки на гастроли... А ведь имеются еще и личные дела, и семейные (хотя Семчев и в разводе, у него есть две бывшие жены и двое сыновей). Во-вторых, режиссеры, работающие с ним, привыкли к его образу очень большого человека. И Саша опасался — вдруг он, похудев, окажется никому не нужным?

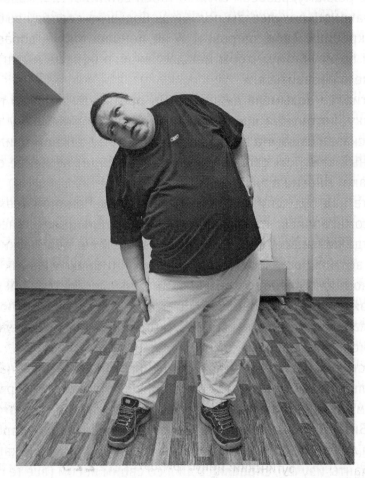

Перед тренировкой надо размяться. Май 2010 г. Вес 168 кг

Александр Семчев. Крупнейший актер России

Мне стоило некоторого труда убедить его серьезно отнестись к моей идее. Изначально она состояла в том, что мы с ним будем худеть вдвоем. Он по-своему, а я по-своему. К тому времени он уже наблюдался в 70-й городской клинической больнице, где ему с помощью лекарственной терапии за десять дней пребывания в стационаре несколько скорректировали вес. Я сказал ему следующее: «Друг мой! Подумай, пожалуйста, обо всех позитивных моментах. Мы дадим тебе рекламу, развеем слухи о твоей сонливости и малоподвижности, наконец, похудев, ты получишь большую свободу выбора ролей и укрепишь свое здоровье. А не понравится — добавить вес (причем по-научному, чтобы меньше жира, а больше мышц) проще, чем от него избавиться!»

Моя тирада возымела действие. Он протянул мне свою пухленькую ручку, которую я крепко пожал. «Ну и сильная же у тебя рука!» — сказал Саша. На это я ответил, что при должном прилежании и активных занятиях своим телом его рука будет не менее сильной, равно как и многие другие части тела.

Работа над будущим бестселлером (а мы с Романом Трахтенбергом не сомневались, что наша книжка обязательно им станет) занимала тогда почти все мое время, но я, как человек творческий, искал и иные возможности применения своих интеллектуальных усилий. Особенно после двенадцати с лишним лет государственной службы, в которой творчество совсем не приветствуется. И решил побеседовать с Владимиром Николаевичем Сунгоркиным, главным редактором «Комсомольской правды», с которым был лично знаком.

Мы встретились с ним прохладным октябрьским днем на Никитском бульваре и отправились на небольшую прогулку. Я рассказал ему о том, чем занимаюсь, а также о своих планах. Когда разговор зашел о «Битве гигантов», он оживился и начал задавать вопросы: согласится ли Семчев, в каком формате я планирую выпуски, какие другие варианты изучал, справлюсь ли я со своим весом (все те пять лет, что он меня знал, я весил в районе двухсот килограммов)? Я честно

241

ответил на все, а Владимир Николаевич поразмыслил и сказал: «Знаешь, до конца года не получится, но я подумаю о том, чтобы вернуться к этому проекту сразу после Нового года, когда прояснятся финансовые и творческие перспективы газеты». На том мы и расстались. А потом умер Трахтенберг, я заканчивал без него нашу книгу, редактировал, готовил к печати — в общем, дел в 2009 году было достаточно.

А вот на дорожке Семчеву было тяжеловато...

Александр Семчев. Крупнейший актер России

Мы с Сунгоркиным созвонились в январе, и он сказал, что видит мою идею перспективной, а через пару месяцев я уже работал в «Комсомолке» и подбирал дополнительные кандидатуры для проекта «Худеем со звездами!». Вместе с заместителем главного редактора Еленой Дудой мы обсуждали различных известных людей и возможность их участия. Семчева утвердили сразу, окончательно и бесповоротно. Нужны были еще мужчина и женщина. Сережа Крылов худеть не рвался, да и известности ему в то время хватало. Мой друг Петя Подгородецкий был плотным, но похудел. Решили, что главным персонажем станет Басков, в то время собиравшийся чуть-чуть подкорректировать свой вес, а вот «женский вопрос» оставался открытым. О том, как мы его решали, я уже описал выше...

Когда, благодаря Корнелии Манго, «большая тройка» сформировалась, началась работа собственно над проектом. С Сашей Семчевым, казалось мне, сотрудничать будет проще всего. Все-таки у нас много общего, мы оба большие и добрые люди, прекрасно понимаем друг друга. Но его график, абсолютно хаотичный, в отличие, скажем, от железного распорядка дня, недели, месяца и года у Баскова, не давал нам возможности для нормальной работы. Казалось бы, взял фото-видеооператора, приехал, пообщался, отснял пару-тройку сюжетов и все... Нет, постоянно возникали какие-то препятствия. То было некогда, то мешали московские пробки (Саша сам ездит за рулем), то интерьеры оказывались неподходящими. И время, время... В общем, более двух сюжетов одновременно снять нам не удавалось. И пообщаться нормально тоже. Но несколько раз мы все-таки нашли возможность побеседовать о том, как Семчев дорос до такого серьезного веса и объема, как пытался бороться с ними и что из всего этого получалось...

Родился Саша 16 апреля 1969 года в городе Вышний Волочок. Кто не знает, находится этот населенный пункт в Тверской (тогда она еще называлась Калининской) области прямо на трассе Москва — Санкт-Петербург (в то время, понятное дело, еще Ленинград). Рос он

9*

ПОХУДЕЙ СО ЗВЕЗДАМИ

мальчиком довольно пухленьким и даже получил в школе прозвище «Доцент», по аналогии с Евгением Леоновым, замечательно сыгравшим уголовника в одном из самых кассовых фильмов конца шестидесятых «Джентльмены удачи». По поводу прозвища он не переживал, оно даже было созвучно его тогдашнему стремлению — стать врачом, как мама. Период «доцентства» у Семчева, однако, не затянулся, и к старшим классам он вытянулся, превратившись в достаточ-

Природная растяжка у Саши осталась...

но стройного молодого человека. Стал носить модную в середине восьмидесятых прическу с длинной челкой и бритым затылком и частенько оказывался в центре внимания сверстников, особенно девушек. Романтичности и загадочности добавляло ему то, что он был главным диск-жокеем, сперва в школе, а потом и в городе. Саша сам отбирал репертуар, сам проводил шоу, ремонтировал магнитофоны, делал колонки, паял провода и микросхемы. На его дискотеки собирались больше тысячи человек, на них знакомились, влюблялись, ну и дрались, конечно. У нас в российской глубинке какой праздник без драки?

Поскольку был Семчев абсолютно здоровым, он без всяких проблем попал в армию и служил радиотелеграфистом на Байконуре. Огромное впечатление на него произвели запуски космических ракет, которые ему, совершенно бесплатно, между прочим, довелось наблюдать. Там же он начал участвовать в самодеятельности, читал стихи, пел песни о Родине и армии, освоил большой барабан. А в театральных постановках играл женщин. И получалось! В общем, выступать на сцене ему понравилось, от былых стремлений — стать сначала медиком, затем священником, а потом шофером — не осталось и следа, и Саша решил после армии пойти в артисты. Никаких проблем с весом и с объемами у него тогда не возникало — в армии лишнего при всем желании не наберешь. Ну разве что на втором году службы...

Демобилизовавшись, Саша поступил на режиссерский факультет Тверского культпросветучилища и устроился работать в драматический театр в родном Вышнем Волочке. Правда, не актером, а завхозом. В актеры, да еще на главную роль, он попал лишь по стечению обстоятельств. Земляк Семчева, Леня Колосов, заканчивавший Щукинское училище, ставил в «волочковском» театре свой дипломный спектакль — пьесу французского драматурга Клода Манье «Блэз» и доверил Саше, тогда еще некрупному молодому человеку, главную роль. Спектакль понравился московским экзаменаторам, приехав-

245

ПОХУДЕЙ СО ЗВЕЗДАМИ

шим на просмотр. Понравилась и игра Семчева, и его пригласили учиться в столицу. Поступил он в Щукинское без проблем. Но не прошло и трех месяцев, как его отчислили за «нарушение творческой дисциплины». Саша очень уж быстро вписался в столичную жизнь: праздники в общежитии, дни рождения, бессонные ночи, вино, начинающие актрисы... Какая, спрашивается, тут учеба?

Богомолов – 170 кг, Семчев 165 кг. Лето 2010 г.

Александр Семчев. Крупнейший актер России

Другой бы человек, бросив все, вернулся домой, но Семчев решил поступать снова. Устроился на работу барменом в ночной клуб «Табула Раса» — в то время Мекку русскоязычного рока, а сам тайком готовил новую актерскую программу. И поступил. На этот раз обошлось без нарушений. Возможно, он повзрослел, возможно, понял: для того чтобы чего-то добиться, надо работать. И спокойно закончил первый курс, причем обладал тогда еще вполне нормальными габаритами. А вот о том, что было дальше, расскажет он сам...

«Летом 1991 года, после окончания первого курса Щукинского училища, я отправился в Молдавию. И это стало для меня отправной точкой в наборе веса. Вот уж где рай для любителя поесть! Пища простая, но крайне сытная: картошка, хлеб, гуси, утки. И вино, конечно. Вернулся я в Москву, скажем так, «окрепшим». Килограммов на семь-восемь. И, что меня больше всего удивило, вес продолжал расти. Понемножку, но каждый месяц. Сначала девяносто килограммов, потом сто, сто десять. Не знаю точно, повлияла ли эта поездка на обмен веществ в организме или я что-то «поймал» раньше — во время не особенно чистой в экологическом смысле военной службы, но с того момента баланс в организме у меня каким-то образом нарушился. Чисто физически мне это не доставляло никаких сложностей. Двигался я достаточно быстро и пластично, а на моей учебе и начинавшейся тогда работе это не сказывалось.

В 1997 году, когда я закончил училище, мой вес был примерно килограммов сто двадцать, если не больше, и встал вопрос с трудоустройством. Из-за внешности и габаритов я относился к категории характерных актеров (в просторечии — специфических, актеров на любителя либо для какой-то конкретной ситуации). И диапазон ролей для меня был довольно узким — в основном, роли комедийного плана. Я показывался в некоторых театрах, иногда меня хвалили, но говорили, что подумают, иногда просто отправляли дальше. Несколь-

ПОХУДЕЙ СО ЗВЕЗДАМИ

ко месяцев после окончания училища я проработал в театре «Сатирикон», затем пришел «показаться» в Московский художественный театр. И получил вежливый, но твердый отказ.

А через три дня после этого мне вдруг позвонили из этого театра и пригласили работать. Вячеслав Михайлович Невинный во время спектакля «Тойбеле и ее демон» получил травму, провалившись в

Прогулка вдоль Москвы-реки. Семчев в хорошей форме. Лето 2010 г.

люк на сцене, и ему понадобилась срочная замена. Выяснилось, что по всем внешним параметрам я подходил практически идеально. Поскольку же травма у Невинного оказалась крайне серьезной (перелом шести ребер), то он мог вернуться на сцену нескоро. За это время я сумел закрепиться в труппе. Так что мой вес сыграл, в данном случае, положительную роль.

Конечно, в моей творческой жизни с габаритами связано очень многое. Все-таки, кроме театра, я еще работаю в кино, снимаюсь в рекламе. Моя фильмография — это около воьмидесяти картин. Думаю, я не снимался бы так часто, будь я обычных размеров или, скажем, стандартных.

А что до рекламы, то ничего зазорного в этих съемках не вижу. Хотя, если бы на основном месте работы я получал достаточно денег, думаю, обошелся бы без этого. За рекламными контрактами я не гоняюсь, они сами меня находят. Жаль вот, что прошлой осенью «сорвался» контракт, по которому я должен был стать «лицом» фирмы «Кадиллак». Кризис, видите ли...

Меня время от времени самого несколько напрягают мои размеры, и я начинаю худеть. Но сбросить больше пятнадцати килограммов пока не получается. А попробовал я очень многое.

Были у меня, конечно, тайские таблетки, здорово смахивающие на какие-то «мягкие» наркотики. В 2004 году в Твери мне вставили в ухо золотую иглу, и врач сказал, что я похудею как минимум на пятнадцать килограммов. Похудел на пять, да и то, скорее всего, за счет желания это сделать. А потом все вернул.

Конечно же, друзья, соратники, коллеги и даже начальники время от времени заговаривали со мной о похудении. Олег Павлович Табаков предлагал даже договориться, чтобы мне в желудок вставили наполненный гелем баллон, и я несколько месяцев ходил бы с этой штукой, не имея возможности нормально поесть. Только малюсенькими порциями. Но я решил, что это для меня слишком серьезное испытание.

Комментарий автора

Установка внутрижелудочного силиконового баллона является одним из популярных сегодня методов борьбы с излишней массой тела. Может производиться амбулаторно, под местным обезболиванием, либо в стационаре под общим наркозом. Суть метода такова: в желудок через пищевод (с эндоскопическим контролем) вводится специальный зонд с силиконовым мешочком на конце. Как только он входит в желудок, баллон наполняют специальной жидкостью, напоминающей физиологический раствор, но с добавлением красителя. Объем примерно 400–800 граммов. Затем зонд убирают, а баллон остается в желудке.

Поскольку он заполняет большую часть желудка, то съесть человек может очень немного (и выпить тоже). В результате должна сформироваться привычка есть меньше, а пациенты теряют за полгода от десяти до сорока пяти килограммов. Потом баллон извлекается таким же способом (через пищевод).

Метод в целом неплохой, но, во-первых, бывают осложнения, проблемы с пищеварением и прочее. Во-вторых, не всем показано инородное тело в желудке. В-третьих, хотя и редко, но баллон лопается, и если ты прозеваешь выход красителя, то может быть заворот кишок. Так что я понимаю опасения Семчева. Кстати, стоит это удовольствие в районе трех-четырех тысяч долларов (с извлечением). — *А.Б.*

Александр Семчев. Крупнейший актер России

Похудеть на десять килограммов — для меня не проблема, но при моих объемах это не особо заметно, хотя сам я чувствую, что мне легче двигаться, что у меня снижается давление, пропадает одышка. Поэтому предложение худеть вместе с другими звездами в проекте «Комсомольской правды» мне понравилось. Единственное, что меня смущало: я не всегда смогу заниматься собой — слишком много репетиций, спектаклей, съемок...

Большие люди

ПОХУДЕЙ СО ЗВЕЗДАМИ

Я человек с устоявшимися взглядами на жизнь, со сложившимся типом поведения, так что менять что-либо не люблю. Но жизнь заставляет. И мне пришлось довольно многому учиться во время работы в проекте. Причем я даже не подозревал, скольких вещей о себе самом, а также о том, что меня окружает, я не знал.

Ведущий проекта пригласил меня в китайский ресторан, чтобы «обсудить ход работы». Выяснилось, что это своего рода тренинг. Мы встретились с Алексеем не в «Пекинской утке», как обычно, а в ресторане Rosie O'Gradis. Вообще-то ресторан сам по себе ирландский, но в нем есть и хорошая восточная кухня. По просьбе ведущего проекта к нам подошел шеф-повар, и я сделал заказ, который весьма строго контролировался с точки зрения диетологии. Получилось, правда, вполне приемлемо: овощи, приготовленные на открытом огне, креветки, обжаренные в гриле, и свежевыжатый грейпфрутовый сок. Конечно, в другой обстановке я отведал бы и китайских пельменей, и свинины с ананасом, но тут пришлось соблюдать правила...

Когда же еда была готова, Алексей попросил убрать приборы и принести палочки. Сам-то он очень лихо с ними управляется, а вот мне пришлось попотеть. Особенно с овощами, которые все время норовили выскользнуть. Я даже хотел было возмутиться по поводу такого издевательства... Но когда обед закончился и мы перешли к зеленому чаю, Алексей показал мне на часы. Оказывается, я ел небольшое по объему блюдо двадцать пять минут. Думаю, что при использовании обычных приборов мне потребовалось бы на всю эту вкусноту минут пять. Так что выходит занятная штука: ешь медленнее, насыщение наступает более полное, поскольку еда попадает в желудок постепенно. Если же еще выпить сок не с едой, а минут за двадцать-тридцать до нее, а чай, соответственно, через полчаса после того, как съел блюдо, то получится полноценный диетический обед с замечательным восточным колоритом. А «изюминка», как рассказал мне ведущий проекта, тут в следующем. Выпил сок, при-

Александр Семчев. Крупнейший актер России

Не откушать ли нам... овощей?

чем медленно, не торопясь, — желудок начинает наполняться. Через полчаса, когда сок уже частично вышел из желудка, — основное блюдо. Неторопливо, чтобы оно распределялось в желудке постепенно. Это не дает желудку сильно растягиваться, не перегружает его. И насыщение приходит постепенно. А чай следует пить через полчаса потому, что он тоже обладает определенным объемом и может растягивать желудок. Моему — растянутому, правда, это не грозило, но со временем, когда я привыкну есть меньшими порциями, думаю, такой стиль питания — отличный выход. И вкусно, и полезно... Вот сколько я узнал интересного во время одного обеда.

Когда мы только начинали обсуждать проект, Алексей с пристрастием допрашивал меня об отношении к спорту. Пришлось ему признаться, что к спорту я вообще никак не отношусь. Нет, конечно, в детстве, как все, играл в дворовый футбол, пробовал заниматься борьбой, даже фехтованием, но все это закончилось на на-

253

чальном уровне. Единственное, что мне это дало, — неплохую (особенно при моем весе и объеме) растяжку и способность пластично двигаться.

Сейчас мои физические занятия ограничиваются обычно небольшой разминкой дома, которую я провожу не совсем регулярно. Правда, мне подарили членскую карточку фитнес-клуба «Пойнт», который находится в Конном переулке — в квартале от моего дома, но я ходил туда всего пару раз. Времени не было, да и особого желания тоже. Но в ходе нового этапа похудения пришлось мне посетить вместе с ведущим проекта и фотографом Милой Стриж этот клуб. Ну, уж тут Алексей надо мной издевался, как мог. Для начала стал учить меня, как нужно разминаться. Оказывается, это целая наука. Нам, большим людям, вообще без разминки никаких упражнений, кроме, разве что, ходьбы на беговой дорожке, делать нельзя. И нужно минут двадцать прорабатывать каждый сустав, каждую мышцу, чтобы гигантский вес (а во мне было на тот момент сто шестьдесят пять килограммов) не повредил связки, хрящи, кости или мышцы. Так что я всем «большим» рекомендую комплекс, который мы честно проделали вместе:

1. Наклоны головы вправо-влево.
2. Движения головой вперед, чтобы достать подбородком ключицу — то правую, то левую.
3. Махи руками в горизонтальной проекции.
4. Махи руками в вертикальной проекции.
5. Наклоны корпуса вправо и влево (руки на поясе).
6. Такие же наклоны, но руки вдоль бедер.
7. Повороты корпуса, руки, согнутые в локтях, — перед собой.
8. Наклоны вперед, чтобы достать пол кончиками пальцев.
9. Приседания (исключительно неглубокие и около упора, чтобы не повредить колени).
10. В положении стоя подниматься на носки и опускаться.

Александр Семчев. Крупнейший актер России

11. Около упора (у нас эту роль играл балетный станок) растягивание мышц ног (ногу на станок — и тянуться).
12. Отжимания от станка.

Конечно, Алексею, хотя он и был в то время побольше меня весом, в фитнес-зале несколько легче — все-таки он бывший профессиональный спортсмен, пусть и растренированный, как он говорил. Поэтому сам он пошел заниматься с какими-то железками типа гантелей и блинов от штанги, а меня отправил на беговую дорожку. Оказалось, что это занятие не из легких, если человек только начинает. Чуть сбился с шага, и тебя норовит унести назад. Но минут через десять я привык и даже прошел с полкилометра, хотя и в невысоком темпе. И для себя сделал заметку на будущее: начинать надо с разминки и ходьбы. Это — самое первое, что может без особых опасений совершать человек, далекий от спорта, но желающий похудеть.

Я в принципе ходить люблю. Гулять по улице, по набережной или на даче. Но меня с ростом веса стали подводить то колени, то спина. А в проекте я научился дозированной ходьбе. Оказалось все просто: надо купить такую замечательную штуку, как шагомер. Его без проблем найти в Интернете, причем есть такие, которые не обязательно вешать на пояс, а можно просто положить в карман. Ты ходишь, а он считает. Знаешь, например, что после пятисот шагов у тебя спина заболит, смотришь на дисплей и на четырехстах пятидесяти останавливаешься передохнуть. А потом — дальше. Вечером все свои достижения считаешь: сколько прошел, сколько калорий сжег. Пока у меня получается немного — пять-шесть тысяч шагов в день, хотя нужно не менее десяти тысяч (это чтобы постоянно сбрасывать вес). Но динамика позитивная.

Я уже говорил: я — человек сложившийся, в том числе и в области, как любят выражаться диетологи, «пищевого поведения». Но хочешь — не хочешь, а жизнь заставляет меняться. Если у тебя диабет

А пиджачок-то великоват... Лето 2010 г. Вес 160 кг

второго типа — почти постоянный спутник людей с большим весом, то приходится соблюдать диету. Так что я постепенно начал ограничивать всякие мучные изделия (сладкое я никогда не любил, так что проблемы нет), картошку, переходить на овощи, фрукты, мясо и рыбу. Но самое трудное для меня — не есть вечером. Когда ты в отпуске, то это довольно просто. А вот во время съемок... Заканчивается съемочный день в девять вечера, приезжаешь — и к холодильнику! Какое уж тут похудение!

Правда, сейчас я думаю над альтернативным вариантом, который мне предложил Алексей. Это «Лиепайская диета». В ее действенности я убедился, глядя на ведущего проекта. Он без особых проблем сбросил за два месяца тридцать килограммов. А мне-то хотя бы двадцать скинуть... Вроде бы и все блюда привычные, и с собой их можно брать, чтобы поесть на съемочной площадке. Но я люблю все изучать досконально и обдумывать тщательно. Так что пока думаю. А если решусь — к Новому году меня не узнаете!»

Саша Семчев человек очень сложный. С одной стороны, он абсолютно разумен, понимает, что ему нужно сбрасывать вес, в первую очередь, для собственного же здоровья. Я говорил ему: «Какие проблемы? Похудеешь хотя бы до ста тридцати килограммов, накладной живот подложишь, никто и не заметит, что в тебе не сто семьдесят!» Он только отшучивался фразами типа: «Естественное ничем не заменишь». Но какую-то грустинку в его взгляде я при этом замечал. И не раз.

Думаю, что главная причина его проблем лежит в нем самом. Конечно, определенные нарушения обмена веществ у него есть, но в его случае это прекрасно корректируется нестрогой диетой и упорядочением образа жизни. Он любит поспать. Это хорошо. Но не по двенадцать же часов! Восемь-девять — вполне нормально, даже для гипертоника.

ПОХУДЕЙ СО ЗВЕЗДАМИ

Мы вместе с читателями заставили его похудеть на двенадцать килограммов за полгода. Честно говоря, он не особенно-то и напрягался, все ждал, когда же, наконец, ляжет в больницу на профилактику. Там ему за две недели и вес скорректируют, и организм почистят, и рекомендации дадут. Но вот вопрос — будет ли он их придерживаться? Тут уже все зависит от него самого. Он многое узнал и многое понял за время работы в проекте «Худеем со звездами!». Теперь все снова в его руках!

РОМАН ТРАХТЕНБЕРГ.
ПОСЛЕДНЕЕ ИНТЕРВЬЮ

Большим людям свойственны комплексы. Им бывает страшно худеть. Страшно начать. Они очень мнительны и думают: «Вот как я буду худеть? А вдруг пойдет плохо? А вдруг вообще не получится. И что, все старания насмарку? Нет, уж лучше буду жить как жил...» Нужно, чтобы рядом был человек, который убедил бы тебя, если хочешь, заставил бы тебя взяться за дело. Просто взял и сказал: «Вот сейчас мы с тобой начинаем худеть. Тебе это ничего не будет стоить, но ты должен выполнять абсолютно все мои указания. Это нужно мне. Сделай это для меня». Если ты поймешь, что это нужно и тебе, если ты поверишь в этого человека, то сможешь реально похудеть.

Универсального рецепта похудения нет. Но есть некоторые истины, которые являются непреложными и едины для всех. К примеру, в наших широтах организм просыпается в шесть часов утра, в шесть вечера начинает засыпать, а к семи он засыпает полностью. При этом не имеет значения, спишь ты или бодрствуешь, организм не обманешь. Все то, что ты ешь после семи, остается в организме и перерабатывается в жир. Жировая клетка, которая целый день находилась в стрессе, не получила жратвы, не получила материалов для переработки, «боится», что останется голодной. Она ведь запрограммирована на то, чтобы обеспечить твое существование, копить энергию против холода, против стрессов и прочего. Если ты ешь вечером и ночью, то однозначно будешь толстеть.

В чем секрет успеха? Это частое дробное питание. Если ты целый день ничего не ел, то набрасываешься на еду со страшной силой, но если ты каждые полтора-два часа что-то жуешь — апельсин, яблоко, салат, то не будешь смотреть на жратву бешеными глазами.

О существовании Романа Трахтенберга я узнал лет десять назад. Тогда Андрей Заблудовский, гитарист бит-квартета «Секрет», и еще двое моих питерских друзей пригласили меня в самый эпатажный клуб города (а может, и всей страны) под названием «Хали-гали». Конечно, там было много занятного — рюмка водки из железного чайника при входе, проход в туалет через сцену и прочие новации, но самым главным стал именно Трахтенберг. Довольно плотного сложения молодой человек в очках, с рыжими волосами и чрезвычайной подвижностью, практически не уходил со сцены, комментируя все номера вплоть до стриптиза в исполнении трансвеститов. В его лексике было мало слов, именуемых «приличными», они употреблялись разве что для связки. Некоторые номера, позднее ставшие известными всей стране, типа угадывания конца анекдота по его началу, были просто блестящими.

Роман Трахтенберг. Последнее интервью

Две зарубежные телекомпании вели съемку, бомонд веселился от души...

Уже потом, когда Трахтенберг перебрался в Москву и мне удалось познакомиться с ним поближе, я выяснил, что он не только блестящий шоумен, но и очень интересный, образованный и порядочный человек. Как это уживалось с его имиджем, не знаю, но вспоминаю в связи с этим Владимира Высоцкого. Его часто спрашивали, не воевал ли он, не сидел ли, не шоферил, и Владимир Семенович отвечал, что для артиста главное — войти в образ другого человека. Роману это удавалось блестяще. Он продолжал работать в клубе (уже в собственном «Трахтенберг-кафе»), писал книги, защитил диссертацию и стал кандидатом культурологических наук. Готовил докторскую, снялся в сериале «Путь самца», созданном по его же сценарию и показанном на канале НТВ, писал стихи, записывал песни и альбомы, вел самое рейтинговое вечернее радиошоу в стране... А еще он поразил своих поклонников тем, что за шесть месяцев сумел сбросить тридцать процентов веса и прийти в идеальную физическую форму. О том, как ему это удалось, как он понимал проблемы больших людей, а также жизнь и творчество вообще, мы и беседовали в начале 2008 года. Эта наша беседа долго не публиковалась. Даже после Ромкиной смерти я не хотел отдавать ее текст в какую-либо газету. И сегодня вы, уважаемые читатели, можете познакомиться с этим, к сожалению, последним, интервью Романа Львовича Трахтенберга...

«Вот ты, Алексей, говоришь: «большие люди», а мне на ум сразу приходит история с лилипутами, которые все время обижаются, что их зовут карликами. Они говорят, что не лилипуты они, а маленькие люди. Твой термин, понятное дело, политкорректный, прямо как в Америке, где негра нельзя называть негром, а только афроамериканцем. У них ходит шутка, что и слово «женщина» может кого-то оскорбить, поэтому предлагается название «вагинополоворганный американец женского происхождения». Отчего появляются «большие»? Из-за недостатка денег, из-за недостатка культуры, из-за лени и не-

263

У Романа Трахтенберга была и такая работа…

желания следить за своим здоровьем и внешностью. Есть такие люди, которые снимают при входе ботинки, но после того как они ушли, нужно целый день проветривать квартиру. И объяснять таким гостям, что следует мыть ноги, стирать носки, как-то неудобно. Вот и объяснять толстым гражданам, что нужно похудеть, — тоже неудобно. Для некоторых, обычных по сложению людей, толстые мужчины и женщины сродни инвалидам. Ведь не всегда внешность однорукого, одноногого, слепого калеки ласкает взор. Даже самому иногда хочется отвести глаза в сторону и куда-нибудь деться. И ты еще подсознательно чувствуешь вину перед ними: только за то, что они — уроды, а ты — нет.

Большие люди делятся на две категории: те, кто понимает, что нужно похудеть, и те, кто этого понять не хочет. Вот ты, к примеру, понимаешь и хочешь помочь как себе, так и другим. Я не был таких уж гигантских размеров — сто семь килограммов при ста семидесяти четырех сантиметрах роста, но уже приближался к той грани, когда «здоровая полнота» превращается в болезнь. Однако сам подвигнуть себя к похудению не мог. Каждому человеку, чтобы совершить какой-то переворот в жизни, нужен свой «гуру», свой учитель, человек, который знает «как», который внушит ему необходимость похудеть, или лечиться, или заняться образованием... Я пришел на радио. Сидит там такой Сергей Архипов и говорит мне: «Жирный, иди сюда, садись». Меня очень трудно чем-то уязвить, и я ответил: «Пошел ты на хер, я жирный, а ты старый». Он мне снова: «Я старый, а ты — жирный, — и спрашивает: — Хочешь похудеть?» Я отвечаю, что хотел бы. Он берет телефон, набирает номер: «Рита, привет, вот есть тут такой Роман Трахтенберг, знаешь его? Да, тот самый, мурло жуткое, но ему нужно похудеть. Что, он тебе нравится? Ну ладно, завтра в двенадцать он будет у тебя». И отложил мобильник в сторону. Я говорю, что завтра не могу, а он в ответ: «Ты что, дурак, что ли? Я договорился с уважаемым человеком...»

ПОХУДЕЙ СО ЗВЕЗДАМИ

На следующий день приезжаю я в условленное место в двенадцать часов. Старое здание в центре Москвы на Малой Никитской улице, около него стоят пара «Мерседесов», «Бентли» и «Ягуар» со включенными двигателями. Несколько джипов с охраной, конечно... Захожу в клинику, а меня встречает девочка, какая-то совсем маленькая. И говорит мне: «Мы с вами будем худеть». Я выразился в том смысле, что хотел бы с кем-нибудь из более взрослых пообщаться. Она и говорит: «Мне, в общем-то, уже за сорок, хотите паспорт покажу? Меня зовут Маргарита Васильевна Королева, и я тут главная». В ответ на мои попытки переложить все на завтра она строго сказала, что лечение уже началось, что мне сейчас дадут обед, ужин завернут с собой и расскажут, что нужно и что не нужно делать. Тут я говорю: «А у меня с собой денег нет». — «Ничего страшного, вас ведь уважаемый человек порекомендовал, так что все нормально, выпишем счет, потом оплатите».

Началось все с промывки мозгов. Ты знаешь, что я человек циничный и слабовнушаемый, к тому же особых проблем и комплексов, связанных с весом, у меня не было. Правда, до одного момента: когда я не смог сам себе завязать ботинки. Другое неудобство было связано с творчеством: я выходил на сцену, и в свете софитов уже минуты через три с меня начинал лить пот, разъедая глаза и создавая некомфортную «мокрость». А я ведь в очках, и когда их снимаю и держу в одной руке, а другой тру глаза, то выгляжу идиотом. Если пот капает с кончика носа, для артиста это не есть хорошо. Я приходил в гримерку, снимал носки, трусы, рубашку, складывал все это насквозь мокрое в пакет, затем надевал сухое, чтобы не простудиться, и отправлялся домой. Эти неудобства, а не какие-то абстрактные комплексы, заставили меня всерьез думать о похудении. Сейчас, когда я похудел до семидесяти пяти килограммов, Рита говорит мне: «Давай худеть дальше, до кубиков на животе, чтобы мышцы были рельефными». И тут уж я отвечаю, что свой животик убирать не буду, поскольку он — часть моего имиджа. Я сейчас бегаю, танцую, ношусь по сцене. Артисту платят деньги, если он молод и энергичен. Когда у него спрашивают: «И это все?», а он отвечает, что может еще петь, танцевать, становиться на голову и так далее, — тогда ему будут платить.

Вот ты говоришь про Паваротти, который пел, будучи большим мужчиной, про Демиса Руссоса... Они, по всей видимости, чувствовали себя адекватно своему весу, если не теряли в качестве. И соответственно, публике не казалось, что они вот-вот упадут, они не производили впечатления больных людей. Кстати, и тот и другой время от времени худели. Значит, что-то их заставляло...

Конечно, худеть было трудно, но не невозможно. Я был свято уверен в том, что у меня ничего не выйдет, поэтому решил поиграть по

Три толстяка. Подгородецкий (130 кг), Богомолов (200 кг), Трахтенберг (107 кг). 12 февраля 2005 г.

правилам Риты Королевой. Чтобы потом сказать ей: «Ну что, Рита, не получилось? Видишь, ты не всесильна, а я ведь выполнял все твои указания...» То есть я четко был убежден в том, что нет такого человека, который может при помощи диеты, без всяких там тайских таблеток, без уколов, без голодания похудеть. Первое, что я сказал: «Ты что мне, тренажеры предлагаешь?» — «Ну что ты, Ромочка, у нас нет времени на спорт. Спорт потом. Сначала будем работать». Это меня сразу подкупило. Я выделил для себя два месяца: пришел к ней двадцатого октября и закончил двадцатого декабря. Там уже начиналась новогодняя кампания, и было не до того, чтобы худеть... И предвкушал, что приду к ней и скажу: «Ну что, пролетела ты, Риточка? Не надо брать на себя повышенные обязательства. Ставь перед собой реальные цели!»

Произошло, тем не менее, все, как она и обещала: я стал сбрасывать по полкило в день. Оказалось, что Рита досконально знает свой предмет. Защищала по этому делу диссертацию. Она есть, но ее, Риты Королевой, на всех не хватит. Поэтому и клиника закрытая, поэтому и приходят туда только избранные. И по этим причинам цена сброшенных килограммов такая большая. У меня получилось в среднем по триста двенадцать долларов за килограмм. Если ты платишь за пользование лимфодренажными аппаратами, физиотерапией, восстановительными процедурами (это чтобы не было рубцов, растяжек и обвисшей кожи), то, естественно, это не каждому доступно. Этих аппаратов в клинике несколько десятков, причем стоят они от пятидесяти до ста пятидесяти тысяч евро каждый. Мне Рита объяснила: «Ты, Рома, можешь худеть и дома, но когда ты похудеешь, живот будет висеть. Будешь платить за пластику. Пластика опаснее и дороже. Или будут растяжки, складки». Сейчас, Алексей, посмотри, у меня ничего подобного нет! Живот был сто двадцать восемь сантиметров, а сейчас девяносто два, то есть с шестьдесят четвертого размера я похудел до сорок шестого. Конечно, в огромной клинике с круглосуточной загрузкой все вложения, в том числе и в аппаратуру, окупились бы очень быстро. Но не в небольшом элитном заведении, где лечится человек двадцать — тридцать. Естественно, за большие деньги тебе там будет все: и диетический обед (но приготовленный как в хорошем ресторане), и лучший зеленый чай, и услуги стилиста, пока ты ждешь, и всякие хорошие газеты-журналы...

В общем, я здорово похудел. Сначала на меня все смотрели с недоверием: а не растеряю ли я свой имидж, потом постепенно привыкли. Но главное, что к своему новому телу привык я сам. Я понял, что так лучше. Человек не ходит, а просто летает. Он все успевает. И еще одно важное замечание: эта штука все-таки нормализовала у меня в башке поток мыслей. Я понял, что все сделать сам я не успею. Поэтому перестал ездить в машине за рулем. Все это глупости. Ты сам за рулем, едешь к месту встречи, но припарковаться не можешь. Естественно, опаздываешь. Выходишь и видишь, что твою машину куда-то отвезли — новый геморрой. А водитель высадил тебя и уехал, чтобы забрать, когда встреча закончится. И машину никуда не увезут и не угонят, поскольку он не имеет права покидать ее, да и паркуется в правильном месте. Так что в данном случае не нарушается закон, даже такой примитивный, как правила дорожного движения. И водитель, особенно такой, как мой Леша, — это член семьи и незаменимый человек. Вот мы с тобой сидим, беседуем, а у него весь день расписан. Он поехал, получил гонорар за мое выступление, затем мы с ним отправились куда-то. Если нужно захватить с собой, скажем, книги, то их несу не я, а он. Он даже проверяет, все ли я взял с собой. Сигареты, диски с фонограммами, телефон. Вместо этого я занимаюсь другими делами. В машине я разговариваю по телефону, читаю, смотрю DVD, поскольку в другое время я этого делать не успеваю, а человек в это время работает. Он следит, чтобы у меня все было правильно организовано и чтобы все было в порядке. Он приезжает и будит меня утром. Конечно, он получает не самые маленькие деньги, но для меня это возвращается сторицей, поскольку я получаю главное: время и свободные от бытовых забот мозги.

И снова на работе...

Роман Трахтенберг. Последнее интервью

Точно так же обстоит дело и с моими книгами: зачем мне все, что у меня есть в голове, самому переносить на бумагу? Вот я тебе наговорил на три часа. Я же не буду сам все это расшифровывать и печатать. В данном случае это сделаешь ты, а когда я работаю над книгами, то просто диктую текст, записываю на диктофон, а специально обученный человек расшифровывает это, приводит в читаемый вид и дает мне для чистовой редакции. Сейчас я пишу книгу «Путь самца: перезагрузка. Лифчик для героя» — это про транссексуала. Я ее сдал в издательство, потом отозвал обратно, поскольку мне показалось, что получилось не очень хорошо... Еще пишу книжку коротких рассказиков. Поскольку работаю я ночью, то, бывает, встаю поздно. А на то, чтобы утром куда-то съездить, что-то купить, привезти, у меня есть Леша. Он, в отличие от меня, ночью спит. Я забочусь о нем и по пустякам не перегружаю. Да и отношение к нему у меня не такое, как к обычным водителям. Если я обедаю в ресторане, даже самом дорогом, он ест вместе со мной. Некоторые мои коллеги удивляются: почему водитель питается вместе с хозяином, заказывает улиток, фуа-гра. А почему бы и нет?

Клянусь, что я, похудев, за руль своего нового «Лексуса» не сел ни разу. Во-первых, я и купил удлиненный 460-й, чтобы ездить с водителем, а во-вторых... Нет времени на это. Мы с Лешей приехали в салон, выбрали машину, я кинул ему ключи и сказал: садись за руль. А сам забрался на заднее сиденье. Он как-то спрашивает меня: «Рома, а ты не хочешь сам порулить? Твоя машина все-таки...» «Нет, отвечаю, не дождешься! Не царское это дело». Я даже не знаю толком, как там что включается. Каждый должен заниматься тем, что у него получается лучше всего. А я ездил плохо, ездил от безысходности. И именно похудение привело меня к тому, что нужно заниматься своим делом как можно больше, освобождая для него время и энергию. Вот для этого нужен водитель, для этого нужна домработница, которая убирает накапливающиеся горы хлама, чтобы все в доме не заросло.

ПОХУДЕЙ СО ЗВЕЗДАМИ

Большим людям свойственны комплексы. Им бывает страшно худеть. Страшно начать. Они очень мнительны и думают: «Вот как я буду худеть? А вдруг пойдет плохо? А вдруг вообще не получится. И что, все старания насмарку? Нет, уж лучше буду жить как жил...» Нужно, чтобы рядом был человек, который убедил бы тебя, если хочешь, заставил бы тебя взяться за дело. Просто взял и сказал: «Вот сейчас мы с тобой начинаем худеть. Тебе это ничего не будет стоить, но ты должен выполнять абсолютно все мои указания. Это нужно мне. Сделай это для меня». Если ты поймешь, что это нужно и тебе, если ты поверишь в этого человека, то сможешь реально похудеть.

Большие люди — это те, кто вольно или невольно каким-то образом нарушил законы: законы природы, законы жизни, законы здравого смысла. И пока у них не появятся те, кто объяснит им, как жить, не нарушая эти законы, все будет продолжаться. Когда у нас появятся настоящие психоаналитики (а эта ниша пока совершенно свободна), тогда и будут положительные сдвиги. К примеру, когда я писал книгу «Путь самца», у меня были большие проблемы в психологическом плане. Я расстался с любимой девушкой, мне нужен был совет. Выход я нашел в работе над книгой. А другие способы... Я попробовал пообщаться с главным психиатром Москвы. Эффект — нулевой, деньги он срубил не самые большие, правда, но сделать ничего не смог. Это человек, который работает по старинке. А если бы я пришел к человеку, сумевшему мне помочь — да проси ты чего хочешь, я готов заплатить тебе столько, сколько надо. Если ты — специалист.

Почему мне, например, платят такие деньги? По десять-пятнадцать тысяч евро за корпоратив, свадьбу или день рождения. По одной причине: знают, что если я пришел, то будет весело. Будет весело вне зависимости от того, кто сидит в зале. Олигархи со своими школьными друзьями, с одноклассниками, с которыми они не виделись тридцать лет, которым они заплатили за билеты и купили костюмы, чтобы те выглядели прилично. И тем и другим будет весело, они будут чувствовать себя адекватно. Именно за это мастерство и платят деньги. И цена для

Роман Трахтенберг. Последнее интервью

Не поверите, но это тоже Рома Трахтенберг.
Поспорил и побрился наголо. Везде...

тех, кто может платить, не играет никакой роли. Вот для тебя есть разница, стоит что-то рубль, рубль двадцать или два рубля? Нет. А для них нет разницы, сколько платить — тысячу, пять, десять или сто тысяч долларов. Главное — чтобы было качество, чтобы был результат.

Конечно, ты понимаешь, что для многих это — большие деньги. А будучи, к примеру, миллиардером, тоже понимаешь, что это большие деньги, но, в отличие от других, ты можешь себе позволить заплатить столько, сколько считаешь нужным. Точно так же и с похудением. Тебе говорят, что нужно похудеть. Можно пойти совершенно примитивным путем. Сделать липосакцию, а то и просто вскрыть брюхо и вырезать жир. Но люди должны понимать: мало того, что это опасно, главную проблему-то такая операция и не решает! Вот ты не делаешь подобных глупостей, и правильно. А Подгородецкий сделал, настрадался в клинике, потом разжирел, да еще рана лет десять то открывалась, то закрывалась.

273

ПОХУДЕЙ СО ЗВЕЗДАМИ

Людям свойственно верить в то, что придет какой-нибудь дядя и все за них сделает. Никогда! Сделать все придется самому. Но нужен проводник, сталкер. Будь ты трижды гениальным певцом, тебе нужен продюсер. Тут, правда, два пути. К примеру, является продюсер и говорит: «Так, кого у нас еще нет на сцене? Лесбиянок? Обалденно! Надо их выдумать. Кто тут у нас есть? Значит, ты, девочка, и вот ты — будете лесбиянками». На возражения типа «мы не такие» он отвечает: «Будете лесбиянками, это хорошо продается». И раскручивает все это, поскольку знает, как раскрутить. И все в шоколаде, все заработали денег. Но есть и другая сторона: имеется какой-нибудь гениальный певец, гениальный артист, все слушают его песни, а денег у него нет. Возьми Чижа, к примеру. Замечательный парень. Как красиво начал, да и до сих пор многим нравятся его песни. И все знают, кто это такой. А денег как не было, так и нет. Потому что рядом нет такого человека, который раскручивал бы его. А сам он не умеет. Но нет ведь ничего стыдного в том, чтобы признаться: «Я этим не умею заниматься».

Я похудел. Я могу сказать всем, что это возможно. Более того, я знаю, как это сделать. Я не могу объяснить любому, как сбросить вес именно ему, поскольку для каждого делается собственная программа лечения. Если бы мне кто-то сказал, что я за шесть месяцев похудею на тридцать два килограмма, я бы ответил: никогда в жизни. Повторяю, Россия — это родина лени-матушки и надежды на то, что все в жизни произойдет по щучьему веленью. Кстати, насчет лени. Мне стали велики все мои костюмы. «Бриони», между прочим, самый дешевый из них стоил тысяч шесть долларов. Три костюма, фрак и смокинг. Я долго искал, кому бы их подарить. Заметь, не продать, а именно подарить. Не мог никого найти, у кого была бы подобная моей фигура — то есть шестьдесят четвертый итальянский или наш семидесятый размер, причем при росте сто семьдесят четыре сантиметра. Нашел я такого человека, актера, между прочим, правда, небогатого, снимающегося в каких-то сериалах, рекламах... «Приди, — говорю, — забери». Он говорит: «завтра приду», потом говорит «послезавтра». Сейчас я их сложил в мешок, думаю, не дождутся они своего часа, моль сожрет. Среди тех, с кем я общаюсь (не говорю про тебя, поскольку ты меня переплюнул во всех отношениях), есть люди семидесятого размера, но они, скоты, выше ростом. Если бы речь шла о свитере или футболке, то вопроса б не было, а хорошие дорогие костюмы — они подгоняются по фигуре. Выпустить один-два сантиметра еще можно, но не более. У того же типа рост сто семьдесят четыре, что почти идеально. Говорю: «Возьми! Рубашки сорок пятого размера, по пятьсот долларов штука, не распакованные, между прочим». Не берет, некогда ему! Вот какая страшная штука лень. Она и не дает нам худеть, следить за здоровьем.

Когда я вошел в процесс борьбы с собственным весом, я заметил одну закономерность. Вот у меня ребра, а под ними брюхо. Когда я стал худеть, в первую очередь у меня «уходили» ноги, спина, руки, голова. Никогда бы не поверил, что голова может худеть. У меня были шапки шестьдесят второго размера (кстати, найти было их довольно трудно). Сейчас пятьдесят девятый размер! А ковбойский стетсон шестьдесят второго размера, который в Штатах нашли с огромным трудом, виснет у меня на ушах. И, начав худеть, я заметил, что у меня стали худенькие ручки, худенькие ножки, а брюхо, сука, так и осталось. В конце концов, и оно стало убираться. Но я понял, что если так продолжится и дальше, то руки-ноги у меня будут как спички, а живот все равно не исчезнет. Выход — только «качаться», на что времени абсолютно нет. Так что чуть-чуть живота я оставил, чтобы имидж уж совсем не терять.

Я согласен с тобой, что универсального рецепта похудения нет. Но есть некоторые истины, которые являются непреложными и едины для всех. К примеру, в наших широтах организм просыпается в шесть часов утра, в шесть вечера начинает засыпать, а к семи он засыпает полностью. При этом не имеет значения спишь ты или бодрствуешь, организм не обманешь. Все то, что ты ешь после семи, остается в ор-

275

10*

ганизме и перерабатывается в жир. Жировая клетка, которая целый день находилась в стрессе, не получила жратвы, не получила материалов для переработки, «боится», что останется голодной. Она ведь запрограммирована на то, чтобы обеспечить твое существование, копить энергию против холода, против стрессов и прочего. Если ты ешь вечером и ночью, то однозначно будешь толстеть. Я же сейчас ложусь спать около четырех утра, просыпаюсь в десять и чувствую себя прекрасно, несмотря на то, что с шести вечера ничего не ел. Сейчас я не придерживаюсь каких-либо диет и за год не набрал ни одного килограмма. Говорят, чтобы держать вес, нельзя пить. Я же пью, даже вечером, иногда что-то съем, кусочек колбаски, например, но не питаюсь в полном смысле этого слова.

В чем секрет успеха? Это частое дробное питание. Если ты целый день ничего не ел, то набрасываешься на еду со страшной силой, но если ты каждые полтора–два часа что-то жуешь — апельсин, ябло-

Рома (107 кг) и Петя (130 кг). Дуэт «Моржи» 2005 г.

ко, салат, то не будешь смотреть на жратву бешеными глазами. Я перестал пить чай или кофе с сахаром. Я перестал все солить. Шести месяцев на диете хватило для того, чтобы вкусовые рецепторы полностью восстановились. И я стал понимать, что до этого ел абсолютно неправильно. Мясо с солью, с кетчупом... После диеты обычно приготовленное блюдо мне стало казаться сплошной солью. Кстати, чисто бессолевой диетой я не рекомендую увлекаться, чтобы почки не посадить. Поэтому все делается под присмотром врача, он может вместо соли включить в рацион сыр, не сразу, правда.

Есть люди, которые по полгода сидят на «кремлевской» диете и удивляются: «Что-то косточки стали побаливать...» Но ведь ее нельзя использовать больше трех недель подряд! И при этом — не чаще раза в год.

Предмет надо знать. Вот мы с тобой — «гуру», которые этим знанием обладают. Знаешь, когда я учился в университете, пришел человек и сказал: «Так, ребята, пойдемте курить». Мы говорим, что траву не курим. Он же нам: «Я все знаю. Я — ваш гуру. Все, что растет, можно употреблять в ограниченных количествах, химию же ни при каких обстоятельствах». Как-то мы пришли на одну пьянку, и нам предложили героин. Мы говорим: «Как не стыдно колоться, только идиоты это делают (нам было лет по восемнадцать)». Мы двое отказались и от кокаина. А третий сказал: «Да». Хоронили его, когда ему исполнилось двадцать пять лет. И мы ничего не могли сделать. Когда он умирал, он даже стонать не мог, так ему было больно. Химию — нельзя, никогда и ни в каких видах. Так вот, если есть такой гуру, который скажет: «Вот это ешь, а вот это — не ешь», а ты ему поверишь, то будет толк. Нельзя все делать безудержно: если пить — то напиваться, если есть — то обжираться, как римские патриции, чтобы потом пощекотать перышком в горлышке, проблеваться и снова жрать... Я никогда не был гурманом, нравились мне какие-то блюда, но не до такой степени, чтобы квартиру отдать за фуа-гра или трюфели. Попробовал я этих трюфелей недавно, кстати. Необычно, но

277

не более. Платить такие деньги? Зачем? И прекрасно без них живу. У меня есть деньги, чтобы купить себе килограмм-другой этих грибов по шесть тысяч евро, ну и что? Мне лень будет строгать их себе в рис. Пропадут ведь. Мне говорят: «А ты знаешь, сколько это стоит?» Я отказываюсь от кокаина, и все удивляются, что мне это не нужно. Удивляются более всего, когда отказываешься от наркотика, который предлагают «даром». Но в этой жизни за каждый такой «подарок» приходится платить...

Быть гуру — это сложно, особенно когда что-то не получается. У нас в шоу-бизнесе законы жестокие: оступившегося обязательно столкнут. И про него все начинают говорить гадости. А если ко-

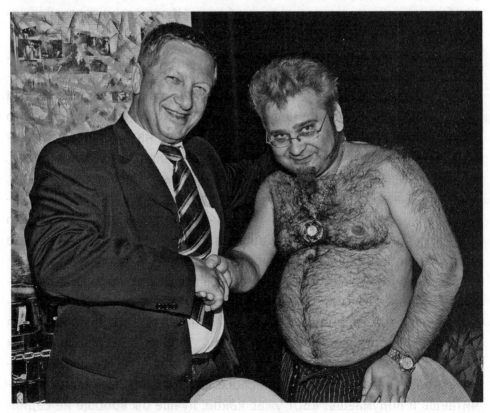

Роман Трахтенберг и Константин Боровой

му-то что-то удается, даже совершенно случайно, все его восхваляют до небес. Почему же у него дальше не получается? Что, нет у нас своих Макларенов, продюсеров, способных «раскрутить» сначала «Секс пистолз» и сделать группу легендой, потом Бой Джорджа? Это люди незабываемые. А где незабываемые у нас? Группа «Фабрика»? Забудут ее, конечно, полгода не покажут по ТВ — и все...

Наши «незабываемые» появлялись и становились легендами сами по себе. «Машина времени», «Воскресенье» — это не творения Ованеса Мелик-Пашаева, они были до него и будут после. Кстати, если уж говорить о группе «Воскресенье», то творчество Никольского, пробывшего там всего-то с год, мне ближе. И его песни настолько хороши, что их будут помнить.

Мне абсолютно все равно, кто писал песни «Машины времени». Они замечательные, романтичные. И в принципе большинству наплевать, как они появлялись на свет. Главное — основная идея, главный человек — тот, кто ее принес. А творческий процесс в группе... Это примерно так: приходит кто-то и говорит, что надо сделать автомобиль. Все посидят, почешут яйца, а он объявляет: «Вот я придумал, что будет рама, четыре колеса, мотор и руль». Тут кто-то замечает, что руль нужно сделать круглым, а не квадратным, другой — что колеса должны тоже быть круглыми, а не треугольными, но все равно лидером, главным, стержнем, двигателем, если хочешь, будет тот, кто придумал и принес идею автомобиля.

Вот ты как журналист и как писатель прекрасно знаешь, насколько трудно иногда бывает начать писать. Сидишь перед пустым экраном компьютера и пялишься в него... И не всегда это заканчивается тем, что ты ставишь первую буковку. Выключаешь компьютер и идешь спать. А случается, что ты курнул, сел за стол и пишешь двадцать четыре часа подряд, и понеслось... Потом, правда, бывает, прочитаешь и подумаешь: «Вот ужас какой, лучше бы вообще не садился писать. А может быть и наоборот. Творчество...»

279

ПОХУДЕЙ СО ЗВЕЗДАМИ

Я считаю, что расставание «Машины времени» с Подгородецким, о котором мы с тобой говорили, было предопределено изначально. И совсем не его дурным характером или сверхъестественными способностями. Просто когда он принес идею песни «Поворот», возникла неразрешимая коллизия. Как так? Основу пятисот песен «Машины» придумал Макаревич, а вот самая известная, самая раскрученная, ставшая визитной карточкой группы оказалась не его. И это являлось «покушением» на авторитет «гуру», а лидеры таких вещей не терпят...

Но вернемся к большим людям. Да, на Востоке они — символ духовности. В Китае на меня показывали пальцем, я думал — из-за рыжих волос, а выяснилось, что всех привлекал мой животик. Да что тебе рассказывать, ты сам ведь во Вьетнаме фурор произвел своими размерами. Но дело тут не только в том, что есть определенные религиозные постулаты. Люди в тех странах худы отнюдь не потому, что они правильно питаются. У них просто нет денег, чтобы каждый день наедаться вволю. Ну и представь себе: человек, который ест в день миску риса, вдруг видит тебя. Тебя, большого, даже огромного. Он понимает, что все это неспроста, что ты можешь, в отличие от простых людей, есть все, что захочешь. И это в его глазах автоматически переводит тебя в разряд небожителей. Тебе трудно ходить, но для большинства азиатов ты — воплощение лучшей жизни, которой они себе не могут позволить. Ты правильно говоришь, что нашим, русским, такой менталитет не свойствен. Толстых у нас недолюбливают. Если ты богат и толст, то тебе злобно завидуют, если ты толст и беден, то тебя жалеют.

Если влезть в широкую шкуру большого человека, то в ней не всегда уютно. И скажу тебе, полнота старит. Когда я был толстым, я всем говорил, что мне пятьдесят лет, и с удовольствием выслушивал комплименты типа «Как вы хорошо сохранились». Но мне-то было тридцать девять... Когда ты похудеешь, как это сделал я, то будешь выглядеть лет на десять-пятнадцать моложе. Ты сам со стороны на себя взглянуть не можешь, а вот люди, они видят и подмечают все: и позитивные изменения, и тем более негативные.

Полнота старит не только и не столько внешне, сколько внутренне. Ты таскаешь на себе десятки лишних килограммов и из-за этого вынужден во многом себе отказывать. Ты ограничен в движениях, быстрее устаешь, не можешь себе позволить того, что мог, будучи нормальным. Конечно, ты сейчас заведешь разговор о сексе — ну как с Трахтенбергом об этом не поговорить? Да, сейчас я могу себе позволить то, о чем в силу комплекции уже давно забыл. И хотя в жизни для меня это не самое главное, но человек-то всегда стремится к разнообразию, широте охвата, так сказать. А с огромным пузом отнюдь не все можно проделать, к чему есть стремление... Секс — один из десертов, которые мы вправе себе позво-

«Живот вперед!» 107 кг. 2006 г.

лить, а понятие десерта подразумевает, что он должен быть разнообразным и вкусным.

Можно быть большим, но не бесформенным. В женщине для меня ее худоба и модельная стройность не являются основным критерием красоты. Главное, чтобы человек был хороший, как бы банально это ни звучало. Если она бесформенно толста, когда жировые складки ниспадают на трусы или скрывают интимные части тела, то это проблема. Но если дама, скажем, пятидесятого размера, однако в нормальной форме... Почему же нет? Да, и еще раз да!

Одна из главных вещей, связанных с большим весом — это вопрос комфортности. Если, скажем, арабскому шейху его вес не мешает, то, ради Аллаха, пусть себе таскает его. Тем более, что у подданных его габариты вызывают восхищение. А мне многих толстых людей жалко. Но сказать им об этом как-то неудобно. Я, как человек интеллигентный и культурный, такой жалости боюсь. Мы, еще раз скажу, все подсознательно боимся инвалидов. Ты, к примеру, не можешь помочь инвалиду, такому же, вроде, человеку, как и ты, наверняка умному и способному, но «с ограниченными возможностями». Ты ведь читал книгу Гонсалеса «Белое на черном»... А видел его по телевизору? Он пишет, держа ручку в зубах. Я не могу на него смотреть, мне неловко. И от этой неловкости многие люди способны вырабатывать бредовые идеи: а не собрать ли нам всех инвалидов и не свезти ли их на остров Валаам, скажем? Чтобы они не создавали нам плохого настроения, не мозолили бы нам глаза.

Если ты писатель, то я с удовольствием читаю то, что ты пишешь, и мне абсолютно все равно, как ты выглядишь. Но вот такого артиста на сцене я видеть не хотел бы, извини уж. Или, представь себе, собрались мы с тобой выпить, прямо сейчас, а водки нет. Мне должны звонить, потому я бы сказал: «Леша, а может, ты сходишь в магазин, метров пятьсот от дома, не больше?» Но, глядя на тебя, понимая, что тебе будет трудно пройти эти пятьсот метров и вернуться обратно, я говорю: «Знаешь, посиди, ответь на звонок, скажи, что я скоро буду, а я сбегаю в магазин». Мне неудобно перед тобой даже оттого, что я могу допустить мысль, будто ты, большой, пойдешь куда-то, и тебе будет некомфортно. Кстати, до холодильника ты мог бы дойти, там есть бутылочка виски...

Сейчас я нахожусь в такой форме, в какой помню себя лет пятнадцать назад. А потом я постепенно стал толстым. И, набрав вес за много лет, я сумел избавиться от него и получить ощущение легкости, энергичности и здоровья всего за шесть месяцев. Ну, избавился от десяти тысяч долларов. И что? Замечу в скобках, что за это время я заработал во много раз больше, чем заплатил. Так что в данном случае мой бизнес оказался весьма успешным и прибыльным...

Ты правильно говоришь о том, что большим людям нужно подстраивать жизнь под себя. Я называю это «превратить свои недостатки в свои достоинства». Знаешь, я начал выступать на сцене и, к печали своей, обнаружил, что я никакой там ни Рикки Мартин и даже не Энрике Иглесиас, не говоря уж о Хулио. Я толстый, к тому же у меня волосатая спина, волосатая грудь, даже руки и те волосатые. Тогда я надел жилетку на голое тело и сказал: «Да, я толстый, но у меня обильный волосяной покров. Вот ты, к примеру, можешь гордиться тем, что у тебя волосатые плечи? Нет! А я могу! У меня все волосатое, поэтому я уникален и я лучше! Что, у тебя мышцы накачанные? Мышцы можно накачать, а волосы — нет! К тому же, в отличие от культуристов, я читаю книги, хожу в театр, и вообще я — эталон мужчины XXI века! Я настоящий, а не сказочный персонаж. Я образованный, интеллигентный, порядочный, ну, конечно, я толстый, но я еще и обеспеченный к тому же. И что, какой-то стройный накачанный дебил лучше меня? Не смешите, не надо!» Такой монолог я мог бы произнести перед кем угодно, и практически все в нем было бы правдой. Я строил жизнь под себя, несмотря на некоторые физические изъяны. Не поверишь, но иногда после моего шоу ко мне подходили люди и спрашивали: «Роман, а вы что, подкладываете что-то под жилет-

После похудения у Королевой. Вес 73 кг. 2007 г.

ку? Неужели у вас свой живот такой?» Как-то в Самаре ко мне подвели моего поклонника, который пытался копировать меня. Совершенно не похожий на меня человек, который надевал рыжий парик, жилет, а под него — накладной живот. Я спрашиваю: «А живот-то зачем?! — «Ну, как же? Без живота никакого веса нет». Я думал о том, как бы побыстрее убрать живот, а человек поверил в то фуфло, которое я двигал, — типа толстым быть здорово. Какой же ты мужчина без живота? Дохлый педрила, разве что... Я об этом говорил, но только потому, что мне нужно было трансформировать действительность под себя, и я ее трансформировал! Люди поверили. А вот есть такая девочка, Нелли Уварова, так она страшна как смерть. Попытались из нее сделать красавицу — не получилось. И сколько мне ни рассказывай, что она красивая, я в это не поверю. Инна Чурикова, Барбра Стрейзанд, Лайза Минелли — по большому счету страшны, но это женщины моей мечты, это женщины, с которыми было бы не стыдно выйти куда угодно.

В университете у нас была девочка по кличке Попугай. Нос у нее был громаден, да еще имел специфическую форму. Но она была самой эффектной бабой на курсе. Она, приехавшая непонятно откуда, ходила в дорогущих шубах, которые ей дарили поклонники. Она сумела сначала себе, а потом всем объяснить, показать, что она прекрасна. Посмотри на мою собаку. Она ведь замечательная, ласковая, доброжелательная, многим нравится. А по сути, она уродлива: крысиный хвост, уши, как у тушканчика, спина какая-то сгорбленная, но при этом она уверена, что самая красивая. И мы тоже в этом уверены. Доказать себе и всем остальным, что ты лучший, сделать так, чтобы люди в это верили, избавиться от комплексов — вот эту задачу мне пришлось решать, и я ее решил.

А потом настало время измениться, подстроить себя под жизнь, но не нынешнюю, а будущую, более активную, более яркую, более разнообразную. Не верил, что получится, сомневался, но начал действовать, втянулся, и получилось!»

ПОХУДЕЙ СО ЗВЕЗДАМИ

Напомню читателям, что мы беседовали с Романом Трахтенбергом в январе 2008 года, то есть через год после того, как он похудел у Маргариты Королевой. Общение наше становилось все более плотным, и в 2009 году мы с ним даже написали роман под рабочим названием «Семь сорок», который он видел супербестселлером. К сожалению, заканчивать эту книгу мне пришлось одному, и она стала последним литературным произведением с участием Романа.

Конечно, многих волнует вопрос: а не стало ли стремительное похудение причиной трагической и неожиданной смерти Трахтенберга? Ведь некоторые не очень информированные и уж точно не компетентные издания писали о страшных «диетах», о каких-то «таблетках», которые будто бы принимал Роман.

Все это очевидная глупость и попытка притащить, что называется «за уши» какую-нибудь скандальную версию. Процесс активного похудения под наблюдением Маргариты Королевой проходил в конце 2006 года. Напомню, что Королева — профессиональный врач, в ее клинике люди лечатся в полном смысле этого слова. И для нее главный принцип — не навредить организму пациента.

Как человек, в последние полгода жизни практически ежедневно общавшийся с Романом Трахтенбергом, могу заявить: никаких «таблеток для похудения» он не пил. Более того, он даже не знал о существовании подобных лекарств и добавок. Они просто не были ему необходимы. Он изменил систему своего питания, но, к сожалению, не смог изменить образ жизни.

Что привело моего друга и соавтора к печальному и неожиданному концу? Я приведу только факты, а уж вам, уважаемые читатели, делать выводы. Первое, что отнюдь не способствовало продлению жизни, — это абсолютное равнодушие Романа к спорту. Ни о каких занятиях физкультурой, тем более фитнесом или физическим совершенствованием, даже речи не шло. Да, он был достаточно хорошо развит от природы и отработал все номера своих шоу, доведя их до автоматизма. Но некоторые из них давались ему с трудом.

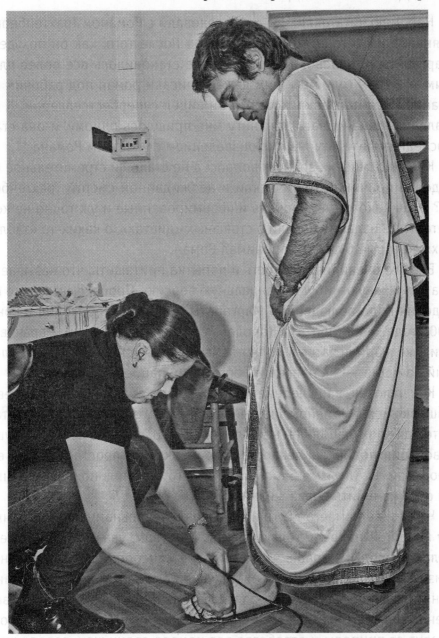

Одно из последних фото Трахтенберга. Ноябрь 2009 г.

ПОХУДЕЙ СО ЗВЕЗДАМИ

Здоровье у человека, игнорирующего физические нагрузки в любом виде, как правило, не очень крепкое. Он, правда, может дожить до глубокой старости, если при этом соблюдает режим дня, труда и отдыха, правильно и вовремя питается, не злоупотребляет вредными привычками. Но все вышесказанное к Роману, к большому моему сожалению, не относилось. Ложиться спать в четыре утра, а вставать в десять — это, как минимум, лишать себя двух часов сна. Роман же делал это в течение многих лет. А просыпаясь, начинал работать. Я запомнил ежедневный рабочий график, которого он придерживался осенью 2009 года. Выглядел он так:

10.00 — Роман просыпается

10.00—10.30 — утренний туалет и завтрак

10.30—11.00 — просмотр новостей в Интернете, телефонные звонки

11.00—12.30 — работа со мной над книгой либо другие литературные занятия

12.30—13.00 — ланч и, параллельно, просмотр прессы

13.00—14.00 — просмотр новинок, клипов, анонсов фильмов, книг и спектаклей

14.00—14.30 — обед и параллельно просмотр новостей по ТВ.

14.30—16.00 — деловые встречи

16.00—16.15 — полдник

16.15 — отъезд на радио «Маяк»

17.00—20.00 — работа в прямом эфире

20.15 — отъезд домой

20.30—21.00 — ужин

21.00—22.00 — занятия французским языком

22.00—00.00 — просмотр одного из новых фильмов

00.00—02.00 — чтение одной из книжных новинок

02.00—03.00 — переписка в Интернете

03.00—4.00 — личное время

04.00 — отход ко сну.

Эту фотографию я сделал на одной из последних общих «пятниц» у Ромы. Свой образ жизни он менять не собирался. Слева направо: писатель Михаил Елизаров, Роман, звукорежиссер, музыкант и радиоведущий Сережа Фисун. Осень 2009 г.

Это примерный распорядок буднего дня, не включающий посещение выставок, концертов, театров. Не учитывающий собственной работы на корпоративах, в спектаклях, съемок в кино, на ТВ, общения с журналистами. Здесь не упоминаются и встречи с друзьями (они обычно проходили по пятницам), и множество других дел, на которые Роман ухитрялся находить время.

Конечно, интенсивность работы у него была бешеная. А если прибавить к этому, что он периодически употреблял тяжелый алкоголь (в ночь перед смертью — большую дозу виски почти без закуски), то становится понятно: организм его в один момент просто «сорвался».

ПОХУДЕЙ СО ЗВЕЗДАМИ

И если бы люди, оказавшиеся с ним рядом и давшие ему таблетку, знали о его аллергии на анальгин, если бы сразу приехала кардиологическая реанимация, а не обычная «скорая»... Но история, как ни банально это звучит, не терпит сослагательного наклонения. Роман ушел от нас навсегда. Но оставил очень много: свои шутки и анекдоты, романы и фильмы, записи телевизионных и радиоэфиров. И еще — пример недюжинной воли и упорства в борьбе с собой и с собственным весом. В борьбе, которую он, несмотря ни на что, все же выиграл.

ПРОДОЛЖЕНИЕ СЛЕДУЕТ!

Пока в ходе проекта «Худеем со звездами!» мои суперизвестные подопечные худели с помощью различных систем питания, учреждений и организаций, а также частных лиц, я решил все же выполнить задачу, которую поставил себе еще в марте 2010 года. Тогда мой вес, если верить электронным весам последнего поколения (а у меня нет повода сомневаться в их точности), равнялся ста девяноста двум килограммам и пятиста граммам. Более чем солидно. Поэтому я решил, что сброшу значительно больше, чем любой из участников проекта. Кстати, поначалу просматривалась и материальная составляющая этого дела — дополнительная мотивация. Одна фирма (не буду называть, какая, но фирма очень крупная и известная) предлагала газете рекламный контракт — с тем, чтобы я употреблял ее продукцию и на ней худел, описывая свои впечатления. Я, правда, для себя решил, что употреблять ничего не стану, похудею сам по себе, а часть рекламных сумм (незначительная) прибавится к моей заработной плате. Но контракт сорвался, а желание похудеть у меня осталось. При этом я не хотел выбирать путь, по которому пошел кто-то из моих партнеров по проекту. И планировал не особо освещать это в газете, с тем чтобы «выстрелить» в одном из заключительных номеров.

ПОХУДЕЙ СО ЗВЕЗДАМИ

Для начала я просто решил нормализовать питание: исключить сладкое, мучное и очень жирное. За март это дало скромный результат в три килограмма. Но теперь я уже весил меньше ста девяноста килограммов!

В апреле, когда проект начался, я попробовал проделать такую штуку, как чередование монодиет. У Маргариты Королевой есть нечто подобное, и рассчитано это на девять дней. Если следовать ее правилам, то нужно устраивать себе разгрузку такого рода:

1, 2, 3 дни — только рис. 250 граммов риса замачиваются на ночь, а утром варятся до готовности. В рис, чтобы не было очень уж сухо, добавляются кусочки фруктов. Вся эта штуковина весом около 750 граммов съедается в течение дня.

4, 5, 6 дни — одна курица. Берется не очень большая курица, варится, с нее снимается кожа, а мясо отделяется от костей. Получается примерно полкилограмма чистого вареного мяса. Его нужно есть в течение дня, и каждый день съедать по курице.

7, 8, 9 дни — только овощи. Полтора килограмма овощей — свежих, вареных или приготовленных на пару, не важно, — употребляются в пищу в течение дня. Естественно, среди них не должно быть картофеля.

И еще: последний ужин должен быть не позже половины седьмого вечера, а пить можно только между приемами пищи.

Все это показалось мне несколько скучным и, я бы сказал, искусственным. Поэтому, как человек творческий, я подошел к чередованию монодиет по-своему. Желая не потерять максимум веса (для этого у меня в резерве всегда было голодание и другие средства), а похудеть комфортно и «вкусно». Кто-то скажет: да разве можно «вкусно» худеть? Запросто! Я выбрал для себя несколько блюд, которые ем с удовольствием, и решил сделать свой вариант щадящей разгрузки. И вот что у меня получилось.

Первые три дня, так уж и быть, посвящал рису. Но поскольку есть его без всего могут только жители Юго-Восточной Азии, да и то в голодное время, я добавил в него смесь, сделанную наполовину из легкого майонеза, наполовину из соевого соуса. Получилось даже похоже на какое-то китайское блюдо, так что три дня я никакой ущербности не чувствовал. Затем пришел черед курочки-рябы. Я, как и рекомендуется, сварил ее без соли, а затем отделил мясо от костей. Снимать кожу счел расточительством, опять же многие видят в ней самую вкусную часть курицы. Затем все это мясо я залил соусом, который придумал сам, — 100 граммов сметаны, 50 граммов майонеза и 25 граммов соевого соуса. Кто-то скажет: что за диета такая — с майонезом? Нормальная диета. Вкусная, между прочим, штука получается, и есть это блюдо в течение трех дней для меня очень комфортно. Да и килокалорий там не так уж и много: 1500 на день. Но эти три дня я и не считал чисто «разгрузочными», к тому же планировал на них физические нагрузки. А потом были овощи, которые я, по счастью, люблю. Огурцы, помидоры, редиска, салат. Или же цветная капуста, брокколи, бамия, шпинат. В качестве приправы к первому варианту — десятипроцентная сметана. Ко второму — смесь сметаны с лимонным соком. Третья серия «диетических дней» состояла из моих любимых креветок. Я просто варил их, чистил, чтобы получалось 450 граммов, а затем в три-четыре приема съедал, сбрызгивая лимонным соком или соевым соусом.

Сделаю одно отступление. Очень уважаемая мной Рита Королева, показывая мне на какую-то зеленоватую кашку (типа протертого супа из спаржи), обычно говорила: «Ну, посмотрите, Алексей, разве это не вкусно? Вот и Коле (она кивала на Баскова) тоже нравится!» Басков покорно кивал и тяжело вздыхал.

У меня несколько иное понимание того, что значит худеть комфортно. Поэтому я и подбирал для себя такие продукты, которые мне нравились, и без всяких угрызений совести и ущемления собственного достоинства мог есть их целый день. Например, креветки я покупал самые крупные и красивые. И это были не три-четыре креветочки, как в блюде из «Королевского рациона» (да простит меня

293

Маргарита Васильевна), а полноценные полтора десятка толстеньких, хорошо проваренных и подкисленных лимоном ракообразных.

А еще я вспомнил советские времена (читатели постарше знают, о чем идет речь) и стал устраивать себе «рыбный день», вернее, три дня подряд. Покупал в магазине «Ашан» семгу весом килограмма в три, разделывал (получалось чуть больше двух килограммов), а затем резал на стейки и жарил их (при возможности на открытом огне или в аэрогриле). Примерно пятьсот граммов семги в день, да еще с гранатовым соусом «Нар Шараб» — отличное блюдо. И не очень-то большая пищевая ценность — всего 1200 ккал.

Что касается фруктов, то просидеть три дня на яблоках, грейпфрутах либо апельсинах (по полтора килограмма в день) для меня проблемой не было. Так что чувствовал я себя очень комфортно и даже худел. Вот только дни рождения и прочие мероприятия мешали моей диете и несколько портили мне результат. Однако за апрель я, совершенно не напрягаясь, сбросил четыре килограмма. Не очень много, конечно, но если взять и раскинуть такой темп на год, то сколько получится? Правильно, сорок восемь килограммов. А это уже приличный результат.

Майские дни прошли у меня примерно так же, как и апрельские, — с результатом три килограмма в минусе за месяц. Всего к июню я сбросил десять килограммов. Конечно, хотелось больше, но я решил, что комфорт — прежде всего. И несколько «отпустил вожжи», забросил фитнес-центр, который начал было посещать, а кроме того, стал просто немного ограничивать себя в питании в случае необходимости, примерно как Басков, пользуясь разгрузочными днями. Сходил на день рождения, выпил там, закусил хорошенько, а потом — на кефир! Или на кефир с огурцами. Или на рис, но без огурцов. Глядишь, и за три дня вес и восстановился.

Так что за июнь я сбросил меньше всего. Но планы-то были наполеоновские — похудеть значительно больше кого-либо из участников! И я всерьез задумался о том, как за ближайшие три месяца убрать килограммчиков тридцать-сорок. Поскольку я знаю о методах похудения почти все, то в голове моей зрели мысли, одна радикальнее другой. Может быть, устроить голодание? Или почистить организм, в частности кишечник? Ведь люди, которые занимаются колоногидротерапией, уверяют, что у нас в кишечнике до двадцати пяти килограммов «шлаков». А как хорошо было бы: провел курс в пятнадцать очищающих процедур по 1500 рублей за одну единицу, и двадцати пяти килограммов — как не бывало! Правда я, по совету своего приятеля, очень квалифицированного доктора Виталия Втюрина, решил не сдаваться колоногидротерапевтам и для начала проверить, а так ли уж у меня все запущено внутри. В общем, когда мне после двухдневного голодания сделали исследование кишечника, то сообщили, что «шлаков» у меня там не так уж много — максимум килограммов пять. И «вымывать» их совсем не обязательно. Так что мысли о радикальных методах похудения меня покинули довольно быстро.

Вообще, как бывший спортсмен, скажу вам, уважаемые читатели, что существует множество методов, которые дают возможность жульничать при определении веса. Ими раньше пользовались все, у кого этот вес не укладывался в ту или иную норму: боксеры, борцы, штангисты, гимнасты, а особенно гимнастки. Итак, что может повлиять на быструю потерю веса? Интенсивная тренировка в утепленной одежде позволяет за пару часов сбросить от килограмма до трех. Принятие слабительного типа *сульфата магния* за двенадцать часов выводит от полукилограмма до полутора килограммов всякой гадости. Мочегонное, например, уже упоминавшийся *фуросемид*, может за восемь-десять часов вывести от одного до трех литров жидкости. А ведь есть еще баня, горячие ванны и прочие методы быстрого сброса веса. О современных тренажерах и специальных «вакуумных» костюмах, как в Центре эстетической медицины Маргариты Королевой, я уж и не говорю. Там за полчаса работы на вакуумном велотренажере можно похудеть на пару размеров в талии (если ее нет — то в области живота). Но хочу предупредить всех читателей: не пытайтесь обманывать сами себя. Если сбросили килограмм на тренировке, знайте, что девятьсот граммов из него вернутся. Вывели из организма жидкость — через три дня ее объем почти полностью восстановится. Так что давайте худеть честно!

С мыслями о том, что нужно все-таки худеть честно, я стал заново перелопачивать свои собственные системы, в то или иное время помогавшие мне похудеть, и изучать то, что присылали наши читатели. Читательницы в основном убеждали меня в верности системы Кати Миримановой «Минус 60» или диеты Кима Протасова. Да и других вариантов было предостаточно. Но я обратил внимание на одно письмо. Написал мне молодой человек по имени Дмитрий, который живет в Алма-Ате. Меня сразу подкупило то, что он, во-первых, сам был такого же размера, как и я на конец июня 2010 года — сто восемьдесят с лишним килограммов. Во-вторых, он искренне верил в используемую им диету и достиг за два месяца впечатляющих результатов — сбросил тридцать килограммов. А в-третьих, присланная им система питания оказалась настолько нестандартной и удобной для меня, что я решил присмотреться к ней.

Изначально Дмитрий Бабий хотел, чтобы я попробовал «посадить» на эту диету Сашу Семчева. Но тот, как человек достаточно инертный, хотя и желающий похудеть, всячески отлынивал от решительного шага. Я же начал изучать все, что есть в Интернете по этой диете. А материалов там было крайне немного. Я только выяснил, что придумал ее доктор Хазан, который в свое время практиковал в латвийском городке Лиепая. Поэтому некоторые пользователи стали именовать ее «Лиепайской диетой». Сам Хазан, по слухам, — эндокринолог, практикующий эту систему питания уже больше двадцати лет.

Диета доктора Хазана понравилась мне тем, что в ней предусмотрено совершенно обычное для многих людей питание: бутерброды с маслом и сыром, с маслом и мясом, даже с маслом и икрой, рыба и мясо, приготовленные любым способом, морепродукты, яйца, салат типа «Оливье», кофе и другие блюда и напитки, от которых при обычной диете приходится отказываться.

Когда я показал список блюд «Лиепайской диеты» Маргарите Королевой, она пришла в некоторое недоумение. «Бутерброды, салат, да еще с майонезом? Три яйца утром?» — вопросов у нее было больше, чем ответов. Наконец, она вынесла вердикт: «В принципе, с большим весом какое-то время эту диету соблюдать можно, но вот что получится? Такие перерывы (по пять часов) между приемами пищи, да и вообще...» Фраза осталась незаконченной. Ценю Ритину дипломатичность — скорее всего диета эта опровергала все ее постулаты, да еще учитывая необязательность физических нагрузок...

В общем, у меня началась активная переписка с Дмитрием, который прислал мне свои фотографии до начала диеты и через два с половиной, а потом и через четыре месяца после. Его трудно было узнать! И вес у него уходил стремительно. «Может быть, эта диета действует только на него, — думал я, — надо бы получить больше информации». Связался со своим приятелем, который выступал когда-то за хоккейную команду «Металургс» (Лиепая), и он рассказал мне, что действительно доктор Хазан там работал, но сейчас практикует в Риге, где у него, а в основном у его учеников, худеет вся местная элита.

Диета оказалась простой и в принципе недорогой, во всяком случае, можно компоновать ее как по почти гламурному варианту, так и по более чем бюджетному. Но правил у нее много, и они чрезвычайно строги. Нет, в них нет ничего особенного, такого, что противоречило бы здравому смыслу. Но невыполнение хотя бы маленького звена приводило к тому, что вес «вставал», а то и вообще начинал прибавляться. Зато при следовании всем законам этой системы питания плоды, что называется, были конкретными и осязаемыми.

Когда через месяц после начала «Лиепайской диеты» я пришел побеседовать с Ритой Королевой, она была несколько удивлена тем, что у меня за столь короткое время куда-то испарились полтора десятка килограммов. При том, что я худел не с нуля, а два года вел борьбу с лишним весом. Итак, с начала 2008 года, имея вес в двести восемнадцать килограммов, я за два года сбросил около двадцати шести кило. Затем за март–июнь 2010 года — двенадцать, а с 5 июля по середину сентября, то есть за время применения «Лиепайской диеты», мой вес уменьшился еще на тридцать два килограмма! Итого минус семьдесят, и из них почти половина — за два с лишним месяца. Есть чем похвастаться, есть правильное направление...

Все время нахождения на этой диете я вел ежедневный дневник, в котором отмечал ту или иную ее сторону, особенность. Дмитрий Бабий помогал мне методическими советами, которые получал в свою очередь от своего диетолога Аудрюса Йозенаса — ученика неведомого мне тогда доктора Хазана. Меня интересовали буквально все аспекты этой диеты, ее психологическое восприятие, методика и методология, приемлемость для разных групп людей, для разных задач, которые перед этими людьми стоят. Я получил в свое распоряжение телефон Льва Яковлевича Хазана, и, в конце концов, узнал об этой диете все или почти все. А все свои наблюдения, правила диеты, сопутствующие ей трудности и радостные моменты решил изложить в своей новой книге, которая называется «Тайны Лиепайской диеты». Сейчас, когда я пишу эти строки, я нахожусь на очередном этапе, и диета эта до сих пор успешно работает. Впрочем, возможно, работаю-то я, чего и вам желаю. Искренне, и от всего сердца!

Из книги, которую держите в руках, вы, уважаемые читатели, уже получили самую необходимую первичную информацию о том, какими самыми современными способами пользовались и пользуются наши звезды для того, чтобы выглядеть лучше и радовать нас всех своим талантом. Я постарался избавить вас от рекламной шелухи и пиаровских историй типа той, как Лариса Долина якобы худела на витаминах «Суперсистема 6». Где они сейчас, эти витамины? Я показал вам десятки различных путей к избавлению от лишнего веса, к стройности, здоровью — называйте вашу цель так, как хотите. Звезды рассказали вам обо всем, что касается их опыта, совершенно честно и ничего не скрывая. Теперь выбор за вами. Ищите, что вам нравится: диета, работа с психологом, физическая активность, системы питания или другое. Остерегайтесь обманщиков и распространителей непроверенных лекарств и биодобавок. Напоминаю: здоровье у вас одно! Ну а если вас интересует мой опыт похудения (а за мной уже потянулись некоторые наши звезды и звездочки), добро пожаловать в интересное и увлекательное путешествие по самым тайным местам «Лиепайской диеты»! Буду рад новой встрече с вами!

СОДЕРЖАНИЕ

Содержание

Популярное издание

Богомолов Алексей Алексеевич

ПОХУДЕЙ СО ЗВЕЗДАМИ
Дневники звезд на каждый день

Ведущий редактор Д.М. Измайлова
Корректор И.Н. Мокина
Технический редактор Е.П. Кудиярова
Компьютерная верстка Н.Н. Пуненковой

ООО «Издательство Астрель»
129085, г. Москва, проезд Ольминского, д. 3а

ООО «Издательство АСТ»
141100, Московская обл., г. Щелково, ул. Заречная, д. 96

Электронный адрес:
www.ast.ru
E-mail: astpub@aha.ru

Отпечатано с готовых файлов заказчика в ОАО «ИПК
«Ульяновский Дом печати». 432980, г. Ульяновск, ул. Гончарова, 14

Алексей Богомолов

ВСЕ ТАЙНЫ «ЛИЕПАЙСКОЙ ДИЕТЫ»

50 килограммов за 100 дней — это реально!

Издательство «Астрель» готовит к выпуску новую книгу известного журналиста «Комсомольской правды», автора книги «Как худеют звезды. На самом деле...» Алексея Богомолова. В ней он раскрывает все тайны самой загадочной, стремительно набирающей популярность, очень действенной и комфортной «Лиепайской диеты». На протяжении ста дней, используя эту диету, он вел подробный дневник, в котором рассказал не только о том, как за лето и осень 2010 года похудел почти на 50 килограммов, но и об опыте других пользователей этой диеты. В книге приводятся примеры схем питания, фотографии и полная информация обо всех правилах данной системы питания. И, самое главное, автор побывал в Лиепае и встретился с Львом Хазаном — человеком, разработавшим эту диету. Беседа с ним является составной частью книги.

«Лиепайская диета» уникальна. Для многих людей, привыкших к традиционному питанию, переход на нее будет легким и комфортным. Многим отечественным диетологам непонятно, как можно худеть, съедая бутерброды, мясные салаты с майонезом, жареное мясо и другую «вредную» пищу. Тем не менее, на этой диете люди реально и основательно худеют, избавляясь от десятков килограммов, причем серьезные физические нагрузки при этом не обязательны. В книге рассказывается о том, что автор попробовал на себе, есть сравнения с другими способами похудения и рассказы о том, как избавлялись от лишнего веса другие известные люди.